基础教育教学基本功丛书

关文信 主编

基础教育教学基本功

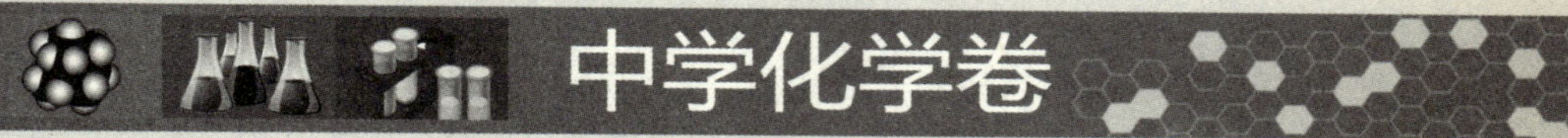

JICHU JIAOYU JIAOXUE JIBENGONG
ZHONGXUE HUAXUEJUAN

辜燕飞 等 编著

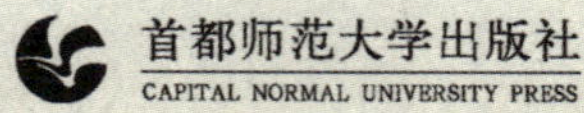

前言 ＞　＞　＞　＞

一个永远经典的话题

关文信

《基础教育教学基本功》（丛书）可以说是应“运”而生。

春节过后，出版社的朋友就教学基本功这个选题策划与我沟通。我当时的第一反应是，“这合时宜吗?”几天过后，我又由衷地佩服朋友的眼光。就像大海的潮起潮落一样，随着海潮的退去，海滩仍然是平静的，尽管还有一些泡沫存在。同样，基础教育新课程改革刚刚来临时，我们也曾随着那些新理念、新思想而心潮澎湃，当新课程改革渐渐地走入一种常态后，反思新课程改革，我们发现，伴随着改变和生成，我们也有丢失，其中最明显的是教学基本功。而这恰恰是最基本的东西，也是永恒的东西。

人们常说，教学是一门科学，又是一门艺术。教学要想真正成为一门科学，或者一门艺术，其基础在于教师的教学基本功。

基本功是从事某种工作所必须掌握的基本的知识和技能。教学基本功是教师从事教学工作所必须掌握的基本的知识和技能。它是从事教学工作的必要条件。

我们说教学是一门科学，是指教学有其内在的规律，教师必须遵循教学规律进行教学，才能使教学合乎规律性，从而体现出其应有的工具

理性。例如，“以学定教”是一条教学基本规律，而贯彻这条规律要从教学的第一个环节备课开始。备课中一个重要环节与内容就是分析学情，或者叫确定教学起点。如何准确确定教学起点就是备课这项教学基本功中的一个基本要素。

我们说教学是一门艺术，主要是指教学富有创造性，面对教学中的各种关系拿捏适度，驾驭教学炉火纯青。孔子提出：“不愤不启，不悱不发，举一隅不以三隅反，则不复也。”这就是教学艺术。《学记》有云：“善歌者，使人继其声；善教者，使人继其志。其言也，约而达、微而臧、罕譬而喻，可谓继志矣。”一个教师的语言能够做到“约而达、微而臧、罕譬而喻”就是一种艺术，是一种教学语言艺术；而教师的语言表达恰恰是一项教学基本功。我们听过于漪老师的课后总有一种如沐春风之感，那是在享用教学艺术的盛宴。构成于漪老师这种教学艺术的基本元素也正是她在教学中的语言、表情、动作、提问、板书、导入、结束等，而这些无不是教学基本功。

教学基本功是一个教师的安身立命之本。林崇德先生把教师专业知识分为三类：本体性知识、条件性知识、实践性知识。本体性知识是指教师所教学科知识，一个教师的本体性知识达到一定水准后，对学生的学业成绩不再产生影响。条件性知识是指教育学、心理学、学科教学论等方面的知识，这些知识是教师从事教育教学工作的条件，没有这些知识教师永远只能停留在“匠”的水准。实践性知识按照陈向明教授的理解则是：“教师真正信奉的，并在其教育教学实践中实际使用和表现出来的对教育教学的认识。”教师作为一种职业，其基本特点是实践性，教育是培养人的社会实践活动。在实际教育教学活动中，教师真正信奉并引导教师教育教学行为的就是实践性知识。因此，实践性知识最能体现中小学教师的专业性。教师实践性知识往往以一种缄默知识形态存在。

教学基本功是教师实践性知识的最基础、最重要的组成部分。从广义知识角度，教学基本功当属于程序性知识。程序性知识只能是习得的，因"习"而得。它同样也是一种缄默性知识，但是可以显性化的。一个教师专业化的最高境界是教育智慧的形成，而教育智慧则是教师在运用这些实践性知识创造性地解决问题中逐渐形成的。教学基本功可谓是教育智慧金字塔之基。

教学基本功的"基本性"是其永恒魅力所在。教学基本功最重要的特点在于其"基本性"。这个基本性有三层含义：一是"必需"。教学基本功是从事教学工作所必需的，从逻辑上讲是必要条件，没有它一定不行，有了它不一定行。二是"基本"。教师的专业知识与专业技能是一个复杂的体系，而只有其中具有生成能力，并可以影响其他因素的才能称其为基本功。三是"与时俱进"。教学作为一种社会活动是随着社会的变化而变化的，教学基本功也将随着社会的发展、科技的进步而不断地变化。二十年前，人们不可能把信息技术与教学整合作为一项基本功提出来，而今天伴随着现代教育技术的进步，它已成为教师必须掌握的一项基本功。

上述思考形成了《基础教育教学基本功》丛书的写作思想，也成为了丛书编写者的共识。本套丛书的编写者来自大学、中小学、教研机构，大学教师从理论上对教学基本功的审视，中小学教师从实践角度对教学基本功的领悟，教研人员从理论与实践相结合的视角对教学基本功的思考，形成了最佳的资源整合、优势互补。这是本套丛书特点之一。

本套丛书在框架安排上以教学流程为"经"，以教师教学专业发展为"纬"。按备课、上课、作业与批改、辅导、教学评价的顺序组织，作为"上编"——教学活动基本功。按教学反思、理解他人和与他人交往、教育管理、教育研究等内容组织，作为"下编"——教学专业发展基本功。这样的体例编排使得专业活动与专业发展兼顾，动静结合，相

辅相成。这是本套丛书特点之二。

本套丛书在内容撰写上，力求体现三个结合：一是继承与创新结合。既强调传统教学基本功的不可替代性，又重视教学基本功的与时俱进。二是陈述性知识、程序性知识、条件性知识和策略性知识结合。对每一项教学基本功既要说明是什么，又要说明如何做，也要说明具体的应用条件，还要说明如何去训练。三是一般教学基本功与学科特殊教学基本功结合。教学基本功具有共通性，同时，反映到各具体学科又不可避免地带有学科的印记，形成了每个学科所独有的教学基本功。在编写时，各分册较好地关注了这一点。这是本套丛书特点之三。

本套丛书在写作中，编写人员力求把有关的教学基本功的知识与技能，同具体的案例结合起来，使之易懂、易学、易记。因此，本套丛书具有广泛的读者对象，既适合中小学教师继续教育，也适用于师范类本专科学生。这是本套丛书特点之四。

本套丛书是多方合作的结果。关文信负责本套丛书的编写体例与写作大纲设计，并对各分册初稿提出修改建议，以及最终定稿。各分册主编负责各分册撰写的组织，以及具体指导和统稿。

2009 年 6 月 15 日
于海南师大

目 录

上编：教学活动基本功

一、备课

二、授课

下编：教学专业发展基本功

一、教学反思

二、理解他人和与他人交往

三、教学管理

四、教育教学研究

中学
化学卷

上编

教学活动基本功

〉 〉 〉 〉 〉 〉

教学基本功是指教师完成教学工作所必需的条件性的技能和技巧。这里的“条件性”旨在说明教学基本功是教师完成教学工作的必要条件，也就是说，一个教师要是不具备这些条件，教学工作将无法完成。基础教育课程改革要求我们重新思考教师的教学基本功，本篇以一种新的视角，围绕教学活动基本功“备课”、“授课”、“作业设计与批改”、“辅导”和“教学评价”这五个环节进行分析和讨论。

一、 备课

备课，是教师为进行教学活动而进行的准备工作。教师在进行教学活动前依据课程标准和教材的有关内容要求，结合学生发展需要，清楚教什么，学什么，为什么教，为什么学，怎样教，怎样学。在此基础上进行设想、构思和谋划，创造出能满足教学需要、目的明确、方法合适的活动方案。备课在整个教学活动中占有十分重要的地位和作用，是上好课的重要前提和基本保证。

（一） 确定教学目标

教学目标是教学活动的出发点和归宿，不但预期着学生要达到的标准，对教和学的评价提供依据，而且对整个教学活动也有很强的引领性和规定性。只有教学目标适合学生，教学生不会的，讲学生不懂的，练学生需要的，教学才有效果，学生的发展才能得到落实。教学目标不正确或没有教学目标的教学都是无的放矢。

如何测量与评价学生的这种学习成果？这需要我们在确定目标时对教学目标的陈述力求明确、具体，可以观察和测量，能描述在教学后学生应该能做的事情。这就要依据课程标准和学生的发展确定教学目标。

1. 分析化学课程标准

化学课程标准是学习化学课程要达到的最基本要求，是指导教师进行教学工作的主要依据。分析化学课程标准是要明确化学新课程的性质、理念、课程的设计思路、各种学习目标的说明、课程目标、内容标准和实施建议，达到内化化学课程标准。

（1）微观研究化学课程标准。微观研究化学课程标准，即要对化学课程标准中的每一部分、每部分的每一细微之处认真研究，细嚼慢咽，一字一句地吃透。不但要研究化学课程标准课程功能、结构、架构和实施与评价的建议，还要反复与教学大纲作分析比较，弄清楚化学课程目标与教学目的、教学内容、化学教学方法、化学教学评价发生改变的地方。不但要熟读教学内容中每个主题在课程中的地位与作用，各个主题是如何相互支撑、相互交融与相互促进的，更要弄清楚标准中每一个主题具体内容以及应采取的教学策略、教学注意问题，弄明白标准中的内容有哪些主题、单元与课题；这个单元主要介绍哪些内容；每一个内容要达到什么要求；各个内容之间有什么联系；所教的课题与前后课题的关系与发展；每一课题中涉及到哪些基本概念，这个概念是怎样定义的，要求学生掌握到什么程度，怎样指导学生理解这个概念，在学生学习这个概念时哪些能力要培养等等问题。只有吃透课程标准，才能深刻地认识到教学内容里的内在本质，才能在教学中给予学生有效的指导，也才能找准难点，根据具体情况找到相应的解决办法。

（2）宏观把握化学课程标准。在深入钻研化学课程标准的基础上，跳出来看化学课程标准：①理清本学科的内容及其脉络，总揽全局，做到整体把握化学课程标准，把握化学课程是如何从生活走向化学、又是如何从化学走向社会的；②要把握化学与其他学科知识的融合，科学知识与人文知识的融合，思维方式的融合，历史与现代的融合。通过研究，我们要清楚把握要学习的内容在整个课程标准、学段标准以及学生的知识结构中处于什么地位，即与前面学习的知识是什么关系，与后面将要学习的知识又有什么联系，这些内容对学生的学习有什么作用；在所学习的这些内容中，哪些是目前不需要掌握的，到什么阶段才要必须掌握的，哪些内容必须先讲，哪些内容可以提前让学生了解，逐渐到掌握。只有这样，我们在教学时才能把看似支离破碎分布到各单元的知识系统化，做到先后有序，主次分明，详略得当。

2. 分析学生的发展

以学生的发展来确定教学目标，实际上是体现了化学课程的六条基本理念，是教学目标主体变化的体现。学生的发展既指全体学生的发展，也指学生全面的发展。

(1) 全面考虑学生的发展需要。全面既指每个学生，也指不同领域的需要。学生不仅需要适应社会生活和社会所需的知识、技能，还有获得欣赏、获得体验等等各种需求。而且学生的个性品质是多样的、不平衡的，对学生年龄特点和实际学习能力、情感等应予以充分分析，在保护学生积极性的同时，适当照顾每个层次学生的需要，使每位学生的个性特长都得到发展。

(2) 全面考虑学生的发展能力。明确学生认识能力发展的阶段性，在不同的阶段有不同的侧重，具体到每节课时情感态度与价值观也有不同的侧重。目标要全面考虑适度、恰当，符合学生实际。普通性目标全体学生都能达到，发展性目标优等生能更优秀。

【案例】氧气的化学性质

分析：化学课程标准要求：知道氧气的主要性质，认识氧气能跟许多物质发生氧化反应。

氧气的化学性质是学生第一次运用实验方法系统地研究物质的性质及其规律，学生需要知道氧气能跟许多物质发生反应的现象，生成的物质是什么，需要为其提供一种研究物质的模式以及在实验过程中形成良好的记录实验、分析实验的实验习惯和实事求是的精神。

(1) 认识物质化学性质的方法：做实验——观察实验——分析实验——得出结论。因为物质的化学性质是通过化学反应表现出来的。

(2) 观察的顺序：反应前物质的色态——反应中产生的现象——反应后生成物的色态顺序。

(3) 注意反应条件，化学反应随着反应条件的不同将产生不同的反应结果。不注意条件的影响，就会失去对事物变化复杂性的认识，通过事实引起对实验条件的注意，所以氧气的化学性质要通过对比实验进行教学，这样做可使学生明白化学反应的剧烈程度与反应物的浓度有关，体会到对比实验、对比学习的意义。

更需要了解氧气对人类生活影响，认识学习化学的重要意义，激发对化学的好奇心和探究欲望。这就是我们的教学目标。

（二） 确定教学起点

教学起点是学生学习新知识的必要条件。学生在进入新的学习单元时，其原有的学习习惯、学习方法、知识和技能等会对将来学习的成败起着决定性的作用。《化学课程标准》指出：化学学习活动必须建立在学生的认知发展水平和已有的知识经验基础上。因此，在备课时，我们要思考这样的问题：如何根据学生的认知规律和知识经验确定教学起点，从而促进课堂教学目标的达成?

从教材和学生的实际情况来确立教学的起点。在课堂教学实践活动中，既要关注教学内容所提供的可能起点，又要关注学生现实起点和发展潜能。

1. 以教材的可能起点为导向，确定教学的起点

中学化学教材是教与学的主要依据，是学生获取化学知识、开发智力及发展化学能力的源泉。但是，教材提供的教学内容及其教学内容的水平，仅代表着学生学习该内容的可能范围与需要掌握的可能程度，并不代表学生真实的学习状态。因此，教材的起点仅能作为确定教学可能起点的基本线索。

教师在备课中为分析教学起点而研读教材时，可从以下五方面入手：分析教材的编排体系和知识之间的内在联系；研究教材的重点、难点和关键处；研究教材的练习题；挖掘教材中渗透的化学理念；挖掘教材中蕴含的情感、德育、人生价值观等方面的教育功能。通过上面五个方面的分析，弄清教材文本的知识结构，从而真正确定教学的起点，促进教学目标的达成。

2. 以学生的现有状态为立足点，确立教学的起点

为了学生的发展是新课程的核心理念。这个理念启示我们，教学活动要以学生的发展为目标，考虑学生的发展就必须知道学生的现有状态和发展状态。以学生的现状来确定教学的起点，能使学生进行有效的学

习和发展，从而实现教学目标。备课时，教师可从以下几个方面入手分析：学生的学习能力；学生的学习习惯；学生的思维特点；学生已有知识的水平。教师只有通过以上的分析，才能弄清学生掌握了哪些学习新知识所具备的知识与技能，哪些知识学生自己能够学会，哪些需要教师的点拨和引导。在这个过程中，教师是根据低起点学生的思维特点和学习的现实状态来确定教学起点的，从而促进了教学目标的达成。从学生学习的过程和效果来看，教师所确定的教学起点具有针对性与适切性。

【案例】溶质的质量分数

课程标准要求：初步学会配制一定溶质质量分数的溶液。

分析：学生初步学会配制一定溶质质量分数的溶液需要具备计算，选择、使用仪器和操作的能力，最后确定以下各项为学生的学习起点：

正确使用量筒、天平等仪器的能力；

会称量、搅拌、取用药品等操作；

具备选择量筒、烧杯、天平、玻璃棒、药匙仪器的能力；

具备进行溶质质量分数的简单计算能力。

教学起点决定了一节课的教学是否具有针对性与适切性，能否达到预设的教学目标。

（三）确定教学重点、难点

教学重点是教材中最基本和最主要的内容。如化学的基本概念、基本定律、基本原理和物质的化学性质等。

教学难点是指学生难于理解和掌握的内容。难点的形成与学生的认识能力、接受能力有关，也与教材本身的难度有关。教学重点与难点是不同的概念，在具体的某节课中有时不一定一致。能否准确确定教学重点、难点是决定教学成功与否的关键。

1. 调查研究学习主体

（1）了解学生的学习基础情况，包括原有的知识基础，学习动机、兴趣、智力和能力发展水平，学习方法和学习习惯；

（2）家庭文化背景和职业背景；

（3）班级群体的学习风气，发展的潜力。

2. 学习内容的分析

（1）分析学习内容的类型与教学内容的科学性；

（2）分析学习内容的相互联系，包括分析学习内容在教材体系中的相互作用；学习内容与学生已学过的内容有哪些联系；学习内容与其他学科内容的相互联系；学习内容中有关生活生产实际的内容；

（3）分析挖掘的教学内容的价值。不仅包括知识对学生个体发展的有用性，还包括有助于学生解决实际问题的应用价值，对科学方法的掌握和科学能力发展的价值以及情感态度、价值形成的情感价值等。

【案例】空气的组成

化学课程标准：说出空气的主要成分，认识空气对人类生活的主要

作用。

分析：

空气是学生比较熟悉的物质，由于内容熟悉，学生学起来亲切，容易理解和掌握。

关于空气的组成学生在科学课中已学过，也通过实验证明空气的存在，空气里含有氧气等。教材为什么还要研究空气是由什么组成的？这是从化学的角度，通过空气中氧气体积分数的实验探究，来加深学生对“空气是一种混合气体”、“氧气约占空气体积的1/5”的认识。通过实验探究可以让学生体验探究过程，在实验中培养学生正确的实验方法和良好的实验习惯，初步形成科学探究的意识和能力。因此确定空气成份的测定实验是教学的重点，同时由于学生刚刚接触化学，对仪器的使用，实验现象的观察、记录、分析以及得出结论比较陌生，在探究过程中会遇到很多困难，因此，该实验也是教学难点。

（四） 恰当选择课程资源

化学课程资源是指形成化学课程的各种因素和必要而直接的条件。如化学知识、技能、经验、感受、创意、问题、困惑、活动方式与方法、情感态度与价值观等方面的因素。人力、物力、财力、时间、场地、媒体设备和环境，虽不是形成课程本身的直接来源，却决定课程实施的范围。

依据学生身心发展特点，在满足学生的兴趣爱好和发展需求的条件下，新课程要求教师要创造性地开发与利用课程资源。

1. 选择化学课程资源的基本理念

（1）教材是最基本的但不是唯一的课程资源；
（2）教师是最主要的课程资源；
（3）学生是重要的化学课程资源；
（4）化学实验是化学课程的重要资源；
（5）低成本开发与利用化学课程资源；
（6）使校内外化学课程资源有机结合。

2. 选择化学课程资源应注意的问题

课程资源是课程设计、实施和评价过程中可利用的一切人力、物力及自然资源的总和。

（1）选择课程资源要注意优先性。化学课程资源十分丰富，那些必要而直接的化学课程资源要优先得到保证，那些有助于学生主动学习、对学生终身发展有重要意义的化学课程资源要优先得到应用。

比如一些实验的设计、药品的选择、仪器的安装等，要充分发挥学生的主观能动性。鼓励学生自制仪器代用品（如用废弃的饮料瓶或小药瓶作为反应容器）、自选低成本药品（如用贝壳或鸡蛋壳代替碳酸钙，用食用碱代替碳酸钠），这样不仅可以消除实验的神秘感，激发学生的实验兴趣，训练学生的实践技能，还可以降低课程资源成本，培养学生的节约与环保意识。

（2）选择课程资源要注意适应性。适应性是指教师所选择的课程资源是否符合学生的需要，学生能否适应并接受相关信息，能否在课堂中实施，是否符合化学学科的要求等等。如物质的微观结构、原子和分子

等微观粒子的运动，电子云的意义，原电池的形成等内容，单靠语言和文字描述很难使学生充分理解，但如果借助现代教育技术手段，设计、编制成质量较高的化学 CAI 课件，将有助于学生把抽象的问题形象化，使化学教学过程更具直观性。

（3）选择课程资源要注意针对性。针对性是指我们在选择课程资源时要充分考虑该资源本身具备的价值及它的指向性是否能够高效地为教学服务。我们在选择课程资源时总是带有特定目的去选择适合于自己课堂教学的资源，因此所选资源的针对性必须明确，资源本身不应该带有无效信息或易干扰信息。例如在化学实验的教学中，对于特殊或特定的实验，如化学现象瞬间即逝的实验、普通方法不易操作或难以实现的实验、需要让学生反复观察的实验、难以实现或重现的实验、错误操作结果的展示等，如果仅仅使用实物实验来讲解，学生不易理解，针对性也不够强。因此要借助于现代多媒体技术手段，把实验过程的全部或部分制成课件进行实验教学。

总之，课程资源的选择是保证课程实施的基本条件，课程资源的挖掘是丰富的、宽广的，具有开放性的，它对于转变课程功能和学习方式具有重要意义。我们应当注重课程资源开发中的选择性、适应性与针对性，选择有效的课程资源为我们的教学服务，拓宽教学渠道，为学生的终身发展奠定扎实的基础。

（五） 科学设计教学程序

教学程序是指教学活动的先后次序。除了依据教学目标，遵循学生的认识规律外，也因化学课型的不同有不同的教学程序。

1. 中学化学教学中几种常见的教学程序

（1）传递——接受程序。这是我国学校教育实践中普遍采用、广为人知的一种教学程序，适用于认知领域的化学新课讲授。它的基本过程是：激发学习动机→复习旧课→讲授新课→巩固运用→检查。

这种程序由教师直接控制教学过程，按照学生认识规律加以规划。通过教师的传授使学生对所学习的内容由感知到理解，达到领会，然后再组织学生练习，巩固运用所学的内容，最后检查或组织学生自我检查学习效果。

这种程序的特点是能使学生比较迅速有效地在单位时间内掌握较多的知识，比较突出地体现了教学作为一种认识过程的特性，所以它能在实践中长盛不衰。但由于采用这种程序时，学生处于接受信息的被动地位，不利于学生学习主动性的充分发挥，因此多年来一直受到各方面的批评和指责。然而正如奥苏贝尔指出的，接受学习不一定都是机械被动的，关键是教师传授的内容能否与学生原有的认知结构建立实质性的联系；教师能否激发学生积极主动地提取最有关联的新知识来巩固旧知识。如果能做到这两点，接受学习在掌握知识和技能中所具有的独特功能就无法否定了。

（2）引导——发现程序。这是一种以问题解决为中心，注重学生独立活动，着眼于创造性思维能力培养的教学程序，也比较适用于认知领域的教育目标。它的基本过程是：问题→假设→推理→验证→结论。

在"问题"阶段，教师提出的问题一定要难易适度，并能使学生明确这个问题的指向性。在"假设"阶段，教师应尽量在诱发性的问题情境中引导学生通过分析、综合、比较、类推等不断产生假设，并围绕假设进行推理，引导他们将原有的各种片面知识从各个不同的角度加以改

组，从中发现必然的联系，逐步形成比较确切的概念。在“验证”阶段，教师通过进一步提供具体事例，要求学生去辨认或由学生自己用实验说明所获得的概念。在“结论”阶段，教师引导学生回顾学习活动，分析自己的思维过程和方法，使之对学习结果感到满意。

这一程序要求教师能为学生创设一个认识上的困难情境，使学生产生想解决这一困难的欲望，从而去认真思考面临的问题，独立地运用各种思维操作。随着问题情境的产生，学生在教师引导下要能提出各种解决问题的可能方案，即进行假设，并能验证其正误，作出认识上的结论。为此就要运用统觉原理，使学生能检索出先前获得的与新课题有关的经验和知识，并在此基础上能构成一个新的组合来解决新的问题。这种将问题情境转变为问题解决的突然顿悟，所采用的基本方法就是所谓的发现法。

【案例】“二氧化碳的性质”中探究“二氧化碳的密度”

问题：二氧化碳的密度与空气的密度比较大小。

假设：二氧化碳的密度比空气的密度大。

推理：二氧化碳的密度比空气的密度大，因为收集二氧化碳时是用瓶口向上排空气法。

验证：往同一烧杯中一高一低的蜡烛倒二氧化碳气体，低处蜡烛先灭，高处蜡烛后灭。

结论：二氧化碳的密度比空气的密度大。

这种程序的一大功能在于使学生学会如何学习，如怎样发现问题和加工信息，怎样推理和验证所提出的假设，因而有利于培养学生的探究能力。

（3）示范——模仿程序。这种教学程序历史久远，也是教学中最基本的程序之一，特别适用于化学实验操作技能领域的教学。它的基本过程是：定向→参与性练习→自主练习→迁移。

在“定向”阶段，教师既要向学生阐明所需掌握的行为技能并解释完成技能的操作原理，又要向学生演示具体动作。学生则明确要学的行为技能的要求；在“参与性练习”阶段，教师指导学生从分解动作的模仿开始练习，并对每次练习提供反馈信息，给予及时强化，消除不正确动作；在“自主练习”阶段，当学生已基本掌握了动作要领，并由单个的下属技能逐步结合成总括技能时，就可以脱离教师的临场指导；在“迁移”阶段，学生不需要通过思考便能完成行为技能的操作步骤，并模仿教师的示范，把习得技能运用于其他的情境或与其他习得技能组合，构成更为综合性的能力。

【案例】“过滤”分组实验课

定向：教师演示实验操作并强调注意事项“一贴二低三靠”。

参与性练习：学生练习折滤纸，回忆注意事项组装仪器。

自主练习：学生顺利完成实验。

迁移：过滤中的“引流”操作在前面学习“量取一定量液体”时做过，在后面学习“蒸发”实验时也将用到，原理是一样的。

(4) 情境——陶冶程序。这种教学程序主要适用于情感领域的教学目标，基本过程是：创设情境→参与各类活动→总结转化。

在“创设情境”阶段，教师通过语言描绘、实物演示等手段，为学生创设一个生动形象的场景，以激起学生的情绪，有时也可以利用环境的有利因素进行；在“自主活动”阶段，教师安排学生加入各种游戏、操作等，使他们在特定的气氛中主动积极地从事各种智力操作，在这种意境中无拘无束地与旁人相互作用，在潜移默化中进行学习；在“总结

转化”阶段，通过教师启发总结，使学生领悟到所学内容主题的情感基调，达到情感与理智的统一，并使这些认识和经验转化成为指导其思想、行为的准则。

例如，在初中刚学化学时的元素符号、化合价的背诵，化学式的书写，金属活动顺序的教学中比较适合使用这一程序。把学生分为几个小组，教师提出问题让学生抢答。

2. 设计教学程序应注意的几点问题

按照课程的教学目的不同，可以把课划分为“传授新知识的课”、“检查课”和“复习课”以及包括几个环节的“综合课”等。针对课型不同设计教学程序时要注意：

（1）要根据教学目的来确定；

（2）教学程序要环环相扣，不能有脱节现象；

（3）要注意主次详略，分配好各个环节的时间；

（4）讲究动静配合，张弛有度，才能收到满意的教学效果。

（六） 做好实验的准备

化学是一门以实验为基础的学科，化学实验是化学教学中最有魅力的课程资源，是最直观的教学媒体。化学教师在教学中必须充分运用实验，以全面发挥化学实验的教育教学功能。实验教学能力是化学教师的基本能力，它包括进行演示实验教学的能力，设计和改进化学实验的能力以及指导学生实验的能力。

不论是演示实验教学还是指导学生实验探究，教师都必须在课前认真做好准备。教师只有做好实验的准备，才会有“自己的经验”，才能有驾驭实验的能力。

实验的准备有确定课题、设计实验方案以及实验反复预试。

1. 确定实验课题

可根据教学目标、学生的认识规律、学生的需求，在保证科学性的前题下，考虑实验对学生是否有“探究价值”而定。

2. 设计实验方案

化学实验设计是指实验者在实施化学实验之前，依据一定的化学实验目的和要求，运用有关的化学知识与技能，对实验的仪器、装置、步骤和方法等在头脑中所进行的一种规划。

（1）化学实验设计的原则。①科学性原则：实验原理、程序、操控方法与理论知识和实验方法论应一致；②绿色化原则：消除或减少有毒、有害化学物质对环境的影响；③可行性原则：实验选用的药品、设备和方法能在所在中学现有的条件下得到满足；④安全性原则：尽量避免使用有毒的化学药品和有一定危险性的实际操作。若必须使用，需写明注意事项；⑤简约性原则：采用简单的实验装置，用较少的实验步骤和实验药品在较短的时间内完成。

（2）设计化学实验方案。化学实验方案的设计内容包括：①实验课题；②实验目的；③实验原理；④实验用品（药品、仪器、装置设备）

及规格；⑤实验装置图、实验步骤和操作方法；⑥实验注意事项；⑦实验现象（包括主要的、显著的，次要的、不突出的各种现象）；⑧实验结果处理。

3. 认真做好实验前的各种准备

在进行化学实验前，应做好如下各种实验准备：

（1）对实验反复预试，掌握好实验成功的条件和关键；

（2）做好实验所用仪器、药品的准备；

（3）检查所用的实验用品并确保准备齐全且整齐地摆放在特定的位置；

（4）合理地对学生进行分组；

（5）实验过程中对学生的指导和组织（包括操作、观察、思维等）；

（6）学生实验设计方案的指导和组织。

（七）根据学生的不同需求设计习题

习题在教学中起到检查学生学习情况和巩固知识的作用，不同的学生学习能力不同，因此，习题应体现层次性，即应根据学生的不同需求设计习题。在平时的作业或者测验中，我们应针对学生的个体差异，力争让每个学生在适合自己的习题中取得成功，获得轻松、愉快、满足的心理体验。对于学习能力强、态度认真、知识掌握较快的学生可减少单纯知识型的作业，布置一些应用型或探究型的作业。如让学生结合生活经验，查阅资料写一份氧气和二氧化碳在自然界中的循环报告。对于学习态度不够认真、知识掌握不够牢固的学生，则布置一些基础型、知识型的作业，以达到巩固复习的目的。如背诵元素符号、化合价、金属活动性等识记性作业。但是，不管对哪种水平的学生，设计习题的思路都应围绕以下几点进行:

1. 设计习题首先要全面体现课程目标

体现课程目标，以科学探究为主线，突出创新精神和实践能力，从知识与技能、过程与方法、情感态度与价值观等三维目标上，全面考察学生的科学素养。同时化学习题要符合各模块教材的内容在整套教材体系中的位置和功能，有利于化学新教材的教学，有利于学生主动学习。“让不同的学生学习不同的化学”，不同模块内容有不同的目标和不同的功能。习题设计过程中要坚持以学生发展为本，强调能力立意，注重试题的应用性、探究性、综合性，体现时代特性。另外化学问题或试题应尽量做到使学生在考试中有展示特长和潜能的机会。

2. 原创与改编相结合

新课程的化学问题或试题需要原创与改编相结合，一方面体现继承传统的试题对知识与能力考查研究的精华，另一方面也体现了新课程的化学问题或试题是原来练习与试题的扬弃与发展。采用原创和改编相结合的方式进行与化学新课程新教材相配套的化学问题或试题的开发，使问题或试题充分体现新教材的内容和特点，又能紧密联系本地学生和教学实际，从而真正培养和评价学生三维目标的水平。

3. 化学习题要符合教材体系中的位置和功能

高中必修课程的目标是培养具有科学素养的合格公民而不是化学专业人才。因为不是所有学生都要学习化学专业，所以不必对所有高一学生提前进行高考题目的训练；所以，《化学 1》和《化学 2》模块化学试题，在知识绝对难度上要降低要求，要关注化学与社会、环境、个人生活实际以及其他科学和技术的联系、相互作用和影响，要关注科学探究和化学学科的思想观念、研究方法和学习策略，为全体学生发展基本的化学科学素养奠定良好基础。选修模块是为对化学有较大兴趣并在化学上有较强发展愿望的学生提供的学习空间，体现了中学化学内容的阶段性、科学性和时代性。在设计选修模块的化学问题或试题来考查学生能力时，还应根据内容标准严格控制试题的难易程度，降低不必要的难度。

4. 化学习题要紧密联系实际生活

设计习题要注重结合本校学生和教学实际，紧扣新课标，不出太难太偏的题，使学生从化学角度去解决生活中的实际问题，从而使新课标的思想理念通过化学问题或试题的训练逐步落到实处。

【案例】“元素周期表的应用”练习题设计

在探索生命奥妙的过程中，科学家们日益认识到生命细胞的组成和元素周期律有密切的关系，约占人体总质量 99.97% 的 11 种宏量元素，全部位于周期表前 20 号元素之内，其余 0.03% 是由十多种人体不可缺少的微量元素组成。在微量元素中，只有 F 和 Si 位于短周期，其余均属现用周期表的第一长周期。在 11 种宏量元素中，除 H、N、P 外，其余的元素中选填（写出元素符号）：(1) 原子最外层电子数是最内层电子数的2倍的是__________。(2) 最高价氧化物对应的水化物酸性最强的元素是__________，与它处于同一周期的还有一种非金属元素是__________。(3) 原子半径最大的是__________，它相邻的元素是__________、__________。(4) 剩余的两种元素，其离子电子层结构相同，且带电量也相同但符号相反，这两种元素是__________和__________。

5. 设计化学习题要引导自主探究

化学是以实验为基础的学科，而实验是培养学生创新能力和实践能力的重要手段。近年来的高考化学试题中以能力立意的试题，突出体现在将实验融入到生产和科学研究的背景中，先创设实验探究的情景，以激发学生的自主探究兴趣，引发学生思考，最终解决问题。因此，适应新课程改革发展需要的化学练习与试题也要引导学生自主探究。

（八） 选择教学方式与教学媒体

教学方式是教师为了达到教学目标，完成教学任务，以教学原则作为指导，借助一定的教学手段（工具、媒体或设备），而进行的师生相互作用的活动。它是教师引导学生掌握知识技能，获取身心发展而共同活动的方法和组织形式。在教学过程中，教师都采用一定的方法、运用特定的形式和利用恰当的媒体来完成教学。

教学媒体是指直接加入教学活动，在教学过程中用来传输信息的手

段与工具。教学媒体包括语言媒体、文字媒体、印刷媒体和电子媒体。

随着社会的发展，科学技术突飞猛进，越来越多的教学媒体进入了课堂，教学方式也随之丰富起来。时至今日，各种教学媒体均具有其基本特性和特殊功能，但它们也有其适应性和局限性。所以，在课堂教学中，我们必须研究媒体个性，依据教学内容和教学目标的需要，去选择、设计和组合运用恰当的教学方式和媒体，以达到优化教学效果的目的。但选择、组合恰当的教学媒体，应该考虑以下几方面：

1. 选择符合且有利于完成教学内容、教学目标的教学方式和媒体

每门课程都由若干章节组成，每节又可分为若干知识点，每个知识点都应有自己的具体教学目标。教学目标对教学方式和媒体的选择并不是随意的，俗话说："教学有法，教无定法"。这对不加选择地使用教学媒体有警戒作用。也就是说对一个知识点的教学媒体选择，要受这个知识点的教学目标的制约。如在初中讲授"原子的结构"时，凭教师口头讲述学生会感觉枯燥无味，并且很难掌握。为达到预期目标，可用计算机媒体中的动画把原子的内部组成结构演示出来，结合教师的讲授，给学生一个深刻印象。因为计算机动画展示的是原子的层次结构，可以充分满足学生观察的需要。

2. 选择适合学生个体和学生集体各方面需要的教学方式和媒体

课堂教学效果的好坏，有赖于选择恰当的教学方式和教学媒体帮助

学生作出学习反应。教学对象不同，他们对教学方式和媒体作出的学习反应也各不相同，依据教学对象特点采用相应的电教媒体，这样才能优化教学效果。例如初中学生见识相对少、知识面窄、对抽象的化学知识的理解费劲，缺乏实验经验，但模仿力强，机械记忆强。鉴于这些特点，可多采用动画、投影及电影等媒体，把抽象概念形象化。而高年级学生注意力比较集中，并且有一定化学基础和学习经验，因此对幻灯、投影不应采用太多，而应适当采用录像、计算机媒体，以便更有利地培养他们的抽象思维能力。

3. 选择交互性强的教学媒体

不具备交互功能的媒体，只能提供教师到学生的单一方向的信息。学生只能被动接受，无法作出反馈和响应，难以判断教学内容是否符合学生需要，是否被学生接受；教师很难知道学生有什么困难和疑问，并且难以掌握传授方式和速度。这对教学效果影响很大。在电教媒体中，CAI可及时地反馈信息。教师可以通过计算机了解学生的总体情况，分析其中原因并改进教学内容。而电影、电视的信息反馈较弱，教师就很难了解学生掌握情况。在采用电影、电视媒体时，可通过精湛的画面，简练的解说对教学内容予以强化，实现教学内容的传播。

4. 选择可控的教学媒体

教学内容的传播速度及顺序，应以师生自控为好，但并非所有电教媒体都允许师生自控。电影对于学生来说可控性差。而幻灯、投影、录

像教学则为教师提供了很大的控制条件。当然，由于技术问题，想在录像带上查对某一确切内容还很困难，而激光视盘的画面按数字方式存储和提取，使用者可迅速准确地提取每一画面，对教学运用十分有利。

总而言之，对于教学方式和媒体的选择，如何权衡和取舍没有也不可能有统一标准。上述四方面内容并不是各自独立存在，而应将它们综合统一，选择便于制作、使用、控制和维护，且在使用、维护时花费的物力、财力较少，利于推广和普遍使用的媒体。实际上，任何一种电教媒体不可能在各方面都是优越的，这样在课堂教学中，应依据教学方式选择恰当媒体来满足教学需要，从而有效地提高教学质量。

（九） 科学设计板书

板书就是在黑板上写的字或内容。设计板书是把准备在上课时，要写在黑板上的内容进行设想和构思，以达到一定的目的。化学课堂教学的板书是教师利用文字、符号和图形等向学生呈现教学内容、分析认识过程、使知识概括化和系统化、帮助学生正确理解并增强记忆、提高教学效果的一类教学行为①。

1. 化学课堂教学板书的作用

教学活动是教师富有个性特点的创造性劳动，其中板书就是教师个性最突出的体现之一。精心设计的板书不但在课内能帮助学生听好课，

①朱嘉泰主编. 中学化学微格教学教程［M］. 北京：科学出版社，2000.

课后有利于学生复习、巩固、加深理解和记忆，而且能有助于学生开启智慧之门，给学生美的享受，从而产生潜移默化的影响。板书设计是备课的一个重要部分，也是教师的基本功之一。

化学课堂教学板书的作用有以下几点：

（1）板书能明确教学目的，揭示教学内容的知识结构，揭示认识过程，帮助学生理解、掌握教学内容，形成知识框架。

（2）增强直观性，启发学生思考，加深学生理解。

（3）向学生提供书写和运用化学用语、解题格式和绘图等示范作用。

（4）突出重点，强化记忆。

2. 板书设计的要求

（1）目的性。板书是为一定的教学目的服务的。离开了教学目的，板书设计也就失去了意义。应从教学目标出发，选择学生易于接受的、能启发学生思维的板书。

（2）科学性。保证板书的内容正确，不失科学性。如化学用语表达的意义要准确，不能将高温写成加热、点燃写成燃烧，或漏写、写错反应条件，由于板书保留的时间较长，能长时间、多次地向学生传递信息，学生的印象较深，如出现错误对学生的不利影响很大，有时候甚至会难以挽回。

（3）整体性。板书无论字数多少都是一个完整的、统一的世界，能有条理、系统地反映教学内容，而不是把词汇、化学用语、图标等简单地堆砌和拼凑在一起。

（4）概括性。板书是教师对教学内容的浓缩，是教师授课的微型教案。板书不是对教学内容原封不动的再现，也不是面面俱到的复述，而是对教

学内容进行加工、提炼，以简练的文字、符号概括出教学内容。

（5）示范性。教师板书时的一举一动、一笔一画对学生来说都是一种直观的示范，对学生起着潜移默化的作用。教师在设计板书时要时时刻刻树立规范化的意识，设计出符合审美要求、给人以清晰美观大方的感受的板书。

3. 板书内容的设计

板书的内容有课题名称、教学内容的要点和重点（包括概念、原理、定律、性质、制法用途、注意点等等），主要的结论、补充材料等。板书内容的设计要做到“准确”和“精练”。

4. 设计板书的形式

板书因教学目的、教学内容、方法和学生的不同有不同类型。板书的常见形式有：

（1）提纲式。以简明扼要的文字、符号等，概括出教学内容的要求，按教学顺序依次书写。

【案例】金属钠

一、钠的性质

1. 物理性质：银白色、质软、密度比水小、熔点低。

2. 化学性质：

（1）跟氧气反应　$2Na+O_2 \xlongequal{点燃} Na_2O_2$

（2）跟水反应　　$2Na+2H_2O=2NaOH+H_2\uparrow$

二、钠的存在与保存

在自然界只以化合态存在，保存在煤油里。

三、钠的用途

导热剂、还原剂、电光剂

（2）图示式。就是利用线条、箭头、符号、数字等组成图形的方式展示教学内容的一种板书形式。

【案例】不同价态铁元素的转化关系

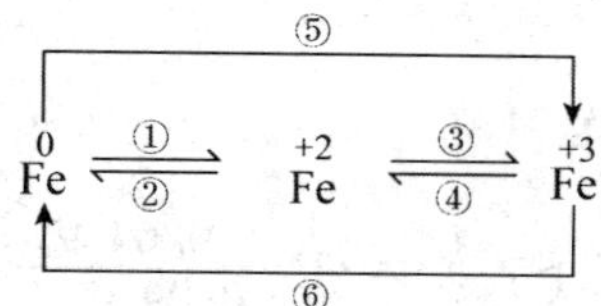

（3）表格式。以表格进行的板书。用于分析和对比方法来讲授的课。

【案例】对蜡烛及其燃烧的探究

探究步骤	对实验现象的观察和描述				
点燃前	组成	颜色	状态	密度	硬度
燃烧时	火焰的分层及温度		烛身的变化		生成的产物
熄灭后					

（4）计算式和方程式。是用化学用语和数学运算来表达内容的。

【案例】

实验室用 5 克锌粒跟 5 毫升稀 H_2SO_4 反应，充分反应完毕后剩余锌粒 3.7 克，问生成氢气多少克？这些氢气在标准情况下占多大体积？（在标准状况下 H_2 的密度是 0.09 克/升）（相对原子质量 H: 1　O: 16　S: 32　Zn: 65）

解：设可生成氢气的质量为 x

$Zn + H_2SO_4 = ZnSO_4 + 2H_2\uparrow$

65　　　　　　　　2

(5－3.7) 克　　　　x

$\frac{65}{1.3\text{克}} = \frac{2}{x}$　　x＝0.04 克

这些 H_2 在标准状况下占的体积＝ $\frac{0.04\text{克}}{0.09\text{克/升}}$ = 0.44 升

答：生成氢气 0.04 克，这些氢气在标准情况下占的体积为 0.44 升。

（十）编写教案

教案，又称课时计划，是教师实施教学活动的具体方案，也是教师进行课堂教学的主要依据，也是检验课时教学效果和做好教学评价的重要参考①。编写教案，是教师结合学生的具体情况、学校的条件、教学内容的特点、教学方法和教学手段以及教师本人的具体情况等进行的整体的综合性的思考，是教师在备课中所考虑的多种教学活动设想，经过

①刘知新．化学教学论．北京：高等教育出版社，1997，156

进一步的推敲，使之条理化、科学化的结果。它是把教学程序的构想用文字、符号和图示设计而成的。既是备课成果的提炼和升华，又是备课的继续和深入。编写教案是使教师的备课更加系统、准确和深刻的重要一步。写成教案，又为课堂教学实践活动提供了备忘材料。

1. 教案编写的一般程序

编写教案的一般步骤有：钻研课程标准和教材——分析学生——确定教学目标——确定教学重点和难点——选择教学方法——准备教具、教学媒体——设计教学过程——教学反思。

2. 教案编写的格式及要求

编写教案没有固定的格式，但主要课题、教学目标、重点和难点、课时安排、教法和教学媒体的选择、教学过程、板书设计、课后反思这些基本的内容不能缺少。

(1) 课题。课题是本课时所讲的题目，一般要醒目地写在第一页的首行中间。

(2) 教学目标。教学目标即教学所要完成的任务。在进行目标描述时一要注意全面考虑三个领域的分目标，不可偏废，但可以有所侧重；二要把握目标的行为主体是学生不是教师；三要注意选好行为动词，避免因动词选择不当而脱离学生的实际，拔高学习水平。化学课程的目标描述有两种基本方式：结果性目标的方式和过程性目标的方式。结果性目标的方式的主要用于知识与技能领域，采用行为动词要求具体、明

确，可测量、可评价，不能用语笼统，含糊其词，难以评价。过程性目标的方式，采用的动词往往是体验性的、过程性的，主要用于过程与方法、情感态度与价值观体验性领域①。

(3) 重点和难点。在编写教案时，不能仅停留在表格中，必须在教学实施中体现②。

(4) 课时安排。课时安排要根据教材的分量和学生的接受能力而定。各课时教学内容的分配要讲究科学性，要注意重点难点的合理分布，使学生有思考与交流的机会。

(5) 教法和教学媒体。在教学过程中采用什么方法，编写教案时要写明，以防止遗忘，并在使用前做好检查和试用，以确保课堂上的成功运用。

(6) 教学过程（环节）。这是在教案上编写好落实教学目的、完成教学内容的实施程序。怎样开头，怎样结尾，学生与教师的活动设计都要详细地反映在书面上，哪些地方由学生自学，预测学生会有哪些反应行为及解决的方案，哪些地方由教师讲解；哪些地方使用教具，哪些地方进行板书等等，都要有一个周密细致的安排。教学过程的安排既要符合学生的认识规律，又要符合教材的逻辑规律，循序渐进，做到既完整又系统。

(7) 板书设计。板书设计要尽量体现教师的教学意图与思路，符合教学目标和学生学习理解的心理。通过教师的精心设计，既高度浓缩本节课的知识要点和结构体系，又能体现对一个知识点的全面完整表述。

(8) 课后反思。教案的编写不是一次性劳动，它需要不断完善，是做好下一轮教案的重要衔接。教师注意写课后反思，及时总结每节课的成败优劣，为以后的教学总结经验、积累资料，这是提高教学水平的有效措施。

---

①刘知新．化学教学论．北京：高等教育出版社，1997，156

②蔡慧琴，饶玲，叶存洪主编．有效课堂教学策略．重庆：重庆大学出版社，2008：51－53

二、授课

授课是引导学生掌握知识、发展能力的基本途径，是实现教学目的的关键，是教学工作的中心环节，对备课、课外辅导、批改作业、成绩考核等环节具有支配和决定作用。授课的过程是师生交往的过程，是引导学生发展和探究知识的过程，更是教师充分发挥教育智慧的过程。

（一）激发学生的学习兴趣

兴趣是一种认识倾向，它以认识和探索某种事物需要为基础，推动人去认识事物，是探求真理的一种重要动机，是一个人走向成才之路的高效催化剂。对于学生来说，学习兴趣是学习中最积极、最活跃的因素，一旦对学习产生了兴趣，他就会从“要我学”转变成“我要学”，他就会有惊人的勤奋和百折不挠的毅力，把全身精力都主动投入学习中去。所以作为化学教师，在教学过程中，尽可能地创造一切条件，激发学生学习化学的兴趣。

1. 如何激发学生的学习兴趣

课程标准提出要轻松愉快地学化学，就是使学习的过程生动活泼、

富有情趣。兴趣是课堂教学的首要要素。好奇心、求知欲、心理悬念是产生学习兴趣的原动力。所以激发兴趣就是要激发学生的好奇心、求知欲，诱发心理悬念。

(1) 发挥实验的魅力。化学是一门以实验为基础的自然科学，丰富的实验现象使化学的学习不但不枯燥，反而更充满快乐，很能激发学生的学习兴趣。特别是演示实验，它可以达到许多用语言讲解都不能达到的效果。

【案例】

在上绪言课时，可以通过“魔术”调动课堂气氛。教师手持一杯澄清的石灰水，但故意告知学生是一杯“清水”，然后用玻璃管向杯中吹气，不一会儿，杯中的水变成一杯乳白色的“牛奶”。学生非常惊讶，提出疑问：“是真的牛奶吗?”老师摇头不答。紧接着又做一个茶水变墨水的“魔术”，进而把学生的情绪推到高潮。其后讲到，如果想知道这其中的奥妙，我们就要学习化学知识。至此，学生初步认为化学很“好玩儿”，进而在老师的指导下，总结出化学的研究对象。学生一听化学课以实验为基础，以后自己可以亲自动手做实验，更加兴奋不已。这为学生以后学习化学打下良好的基础①。

(2) 联系实际，学以致用。联系实际就是从化学在实际生活、社会、生产中的运用入手，创设教学情境。既可以让学生体会到学习化学的重要性，又使学生把所学的知识迁移到其他情境中应用，在解决实际问题中体会到学习的快乐和成就感。只有化学教学与生产、生活实际相联系，学生在熟悉的生活环境中感受到化学的重要性，才能激发学生学习化学的兴趣，才能提高教学质量。只有化学教学与生产、生活实际相

---

①曾清意．初中绪言课教案设计［J］．化学教学．1995（4）．

联系，在真实的情境中获得知识与技能，学生才能做到真正理解和掌握知识，做到灵活运用。

【案例】溶液的酸碱性对头发的影响

步骤 1：收集一些头发样品（没有经过处理的），分成七组，并分别捆成一小束。

步骤 2：将 7 束头发分别放入 7 个盛有不同 pH 值酸或碱溶液的小烧杯里（pH＝1，pH＝3，pH＝5，pH＝7，pH＝9，pH＝11，pH＝13），静置 30 分钟。

步骤 3：用镊子将 7 束头发取出来，用滤纸吸干表面的溶液后进行观察。

观察各束头发的光泽如何，用力拉它们，看看哪束头发更容易被拉断。回家后用 pH 试纸检测一下你家用的洗发水是酸性还是碱性。

当学生具备一定的化学知识后，教师尽可能地让学生用所学的化学知识来解决或解释生产生活实际中的问题。

【案例】

中国有句谚语“雷雨发庄稼”，让学生用所学的知识来解释。若同学们不懂分析，教师可以作简单的点拨：“雷雨”说明了发生反应的条件，“发庄稼”就是农作物生长得好，那么庄稼的生长就需要肥料，学生就可以联想到植物生长所需要的 N、P、K 等元素，并且空气中的主要成分为氮气和氧气，自然而然就可以写出：

$$N_2+O_2\xlongequal{\text{雷电}}2NO，2NO+O_2=2NO_2，3NO_2+H_2O=2HNO_3+NO$$

（3）采用新颖的教学方法。教师可以根据教学内容的特点，经常采用新颖有趣、灵活多变的教法，比如自主学习法、质疑答疑法、多媒体

辅助教学法、边讲边实验法、对抗赛法、讨论法和化学游戏法、让学生当小老师法等多种教学方法，这些方法都能培养学生的学习兴趣，收到较好的教学效果。利用问题来设置教学情境、利用新旧知识的矛盾，日常概念与科学概念的矛盾都可以引起学生的学习愿望，形成积极的认知情感，这也是化学常用的方法之一。

【案例】质疑答疑法

有时候课堂氛围过于沉闷，为了让同学们活跃起来，把问题抛给他们，让学生发挥他们的主观能动性，进行思考，相互讨论，得出结果。比如讲到：Zn—Cu 原电池时，课本上说“当 Zn 片和 Cu 片平行插入稀硫酸溶液中，用导线相连，电子就从 Zn 转移到 Cu 片上，形成电流，从而化学能转化为电能”。许多同学想当然认为就是这样的。书上已经有结论，无需再听讲了，就有一种昏昏欲睡之意。我看到这种情形，当时就抛出一个问题，给他们：当把 Zn 片插入稀硫酸中时，Zn 会把电子给 H^+，把氢置换出来。为什么用导线把锌片和铜片连接起来时电子就会从锌片转移到铜片上，而不是直接给溶液中的 H^+ 呢？锌片也是直接插在稀硫酸溶液中的？这个问题一提出，许多同学一惊，他们当时根本没有考虑这个问题。于是我就从有无导线相连的情况去分析电子转移，从而解决疑问。

（4）开展丰富多彩的课外活动。化学课外活动的内容及方式很多，包括“化学游戏晚会”、“化学知识讲座”、“化学知识竞赛”、“化学园地”、“化学展览会”等等，可以每学期举行一两次。如“化学知识讲座”可以讲“空气与水污染的危害、原因及防护”、“温室效应的原因”、“酸雨的形成”、“当代军事与化学”、“化学与日常生活的关系”等，帮助学生认识学习化学的重要性。也可以讲“道尔顿”、“拉瓦锡”、“侯德榜”等著名化学家的成才之路，使学生树立崇高的理想，端正学习态度。再如“化学游戏晚会”，可以把所学过的化学知识编成各种节目：如相声、小品、魔术等等，让学生在轻松愉快的气氛中进一步巩固书本知识，并提高学习化学的兴趣。

（二） 营造民主开放的课堂环境

1. 课堂环境的定义

课堂环境，又叫班级环境、课堂氛围，是指学生对所处班级或课堂的知觉和感受，是决定学生发展的潜在因素，它是教师、学生二者在教学活动过程中营造的一种情景氛围。民主、开放是指自由的、不受约束的意识。民主开放的课堂环境就是在学习过程中学生可以不受约束地、自由地表达自己的想法。如果学生在课堂中一直处于紧张的状态，主动参与的可能性就不大，学习质量也不会太高。在教学过程中良好的课堂气氛和人际关系是学生主动参与教学的前提条件。

营造一种民主开放的课堂环境十分重要。首先，民主开放的课堂环境对于调动学生的学习积极性和提高教学效率有着十分重要的作用。其次，民主开放的课堂环境是教师有效性教学的前提。在民主开放的氛围下，教师才会把自己融入到教学中，教学才会有更为显著的效果。学生是教学活动的主体，只有在民主、有活力的课堂环境中，学生的主体地位才会充分发挥出来，才有可能培养学生的创新精神和创新能力。

2. 营造民主课堂环境的策略

（1）对学生有真爱之心。热爱学生是教师的天职，是做好教育工作的基础。只有真爱学生，教师上课时才会态度随和，面带微笑，让学生有和蔼可亲感；语言生动，幽默寓于感情，就会组织一种友好、和悦、轻松、互助合作的课堂气氛使学生精神振奋，抓住学生的思维，以此提高教学效果。

（2）平等合作，让学生做学习的主人。在教学中，教师与学生是一对相互依赖的生命，是一对共同成长的伙伴。平等就是使“师生关系”成为“同学关系”。教师也只有从思想深处把学生看作是学习的伙伴，才能真正平等地对待学生。课堂教学的平等，就是教师不能牵着学生的鼻子进入预设的答案或教师强行灌输知识，学生消极接受；教师能换位思考，对学生不成熟的意见或奇怪的想法甚至错误的想法，能理解、宽容和适度引导；学生有发言权，要学会倾听，在没有听清楚或没听完别人的话之前不打断别人的话，这种尊重就是平等。

合作就是共同完成，鼓励学生积极思考，质疑提问及发表不同意见。当学生出现错误时教师不要包办，把纠错的主动权交给学生，引导学生自己发现问题，自我改正；安排好课堂节奏，给学生留够时间和空间去思考，不能因为时间限制而追问学生要答案。

（3）小心呵护学生的自尊心。民主课堂，就是充满民主精神的课堂，学生可以自由发言，主动参与，乐于探究，气氛很是活跃。但是一个班级有多少个学生，就有多少个有差异的个体，教师要意识到学生的个性差异，避免有意或无意地对某些同学做出个别的偏袒和偏见。不轻易否定学生的见解、不嘲笑看似笨拙的想法，对学生新颖的想法给予鼓励性评价；不要严厉指责学生，不指责学生提问的深浅，离题。教师应在学生的学习生活和情感上给予学生鼓励，特别是那些不太自信、性格内向的孩子更需要教师的鼓励和宽容，调动学生的内在学习动机。在进行一些课堂活动时，教师要不露痕迹地照顾到后进生，使其融入其中，使课堂环境充满活力。

（三） 把教学目标转化为学习目标

1. 教学目标和学习目标的定义

教学目标是师生通过教学活动预期要达到的结果或标准，是对学习者通过教学以后将能做什么的一种明确的、具体的表述。

学习目标是学习中学习者预期要达到的学习结果和标准。

如果单从定义上来看，我们可以很清楚地看出，教学目标是教师和学生共同完成的教学任务。而学习目标是学生通过学习最终实现的目的。二者都是为了学生的学习而设立的。学习目标是学习的出发点，也是学习的归宿，是整个教学过程的灵魂。所以在实际的授课过程中，教师应该和学生共同努力，把每堂课的教学目标转化为学习目标。

2. 怎样把教学目标转化为学习目标

（1）展示目标。展示目标是课堂教学的重要环节。展示目标就是要把学习目标明白无误地表现出来，教给学生，让学生学有目标，教师导有方向。

（2）实施目标。实施学习目标，就是在课堂教学中把教学目标转化为学习目标。这就要求教师在脑海中始终要有目标：导入要揭示目标，训练要围绕目标，检测要紧扣目标。在授课过程中，教师要启发学生围绕学习目标积极思考，勤于动手，努力达成学习目标。

【案例】化学反应的速率和限度

1. 展示目标

（1）通过实例和实验初步认识化学反应的速率及其影响因素。

（2）从日常生活中的化学现象和实验中抽象出有关的概念和原理，形成一个由宏观到微观、由感性到理性、由简单到复杂的科学探究过程。

（3）通过对本节的学习增进对化学科学的兴趣和情感，体会化学学习的价值。

2. 达成目标

（1）投影图片：让学生通过具体事例体会化学反应的速率存在着差别，为定量研究化学反应的快慢奠定基础。

（2）阅读教材：让学生通过自学，认识化学反应速率的表示方法，其单位如何，根据化学反应速率的概念，试着归纳出它的数学表达式。

（3）板演练习：通过练习可以发现学生是否真正理解化学反应速率的概念。

（4）分组实验：通过小组合作，做三个分组实验，让学生亲自体会影响化学反应速率的因素，提高他们实验的动手能力，处理分析实验现象最后得出结果的能力。

（5）学以致用：理论联系实际，让学生通过解决实际中的问题来检测目标的达成情况（课本“思考与交流”）。

（四） 运用专业化教学语言

著名的教育学家夸美纽斯说过：“教师的嘴就是一个源泉，从那里可以发出知识的溪流。”这句话的深层意思说明了教师语言是非常重要的。

1. 专业化教学语言的定义

化学学科的专业化教学语言指语言要既符合教师的行业语言，也符合化学学科的用语。根据化学学科的特点，它要求化学教师应传授化学基础知识和基本技能，培养学生的逻辑思维能力，能用所学的知识去解决实际问题，所以化学教师的授课语言要符合化学学科的特点，应更具有专业性。

2. 化学教学语言的要求

（1）科学准确。化学是一门自然学科，它向学生传授的知识必须是准确科学的。

①化学教学语言必须是科学准确的。教师上课不能用含糊不清的语言表达。

【案例】

“爆炸”、“爆鸣”、“炸裂”是各有所指的，若一律说成“爆炸”，会

造成学生不必要的恐惧心理，如不敢通过实验来检验 CH_4 等可燃性气体的纯度，对于学生以后的学习会造成不良的影响。又如“原子不显电性”不能说成“原子不带电”，只不过是其中的带相反电荷微粒所带的电量相等。

②化学教学语言必须是专业化与规范的，不能口语化。

【案例】

不能随意地把“加热”说成“烧一烧”，“试剂瓶”说成“瓶子”，把“酒精灯”说成“灯”，把“坩埚钳”说成“镊子”等等。把化学反应方程式中的“+”读成“加”，“=”读成“等于”。“NH_3”说成“氮化氢”，指着试管中硫酸铜溶液对学生说“这是硫酸铜”而漏讲了“溶液”两个字。

③对于概念、定律分解要到位。

【案例】

讲原子是化学变化中最小的粒子，是应剖析前提：“化学变化中”，一定要讲到位，只有这样才能让学生明白“原子是可以再分的，化学反应的本质是：反应物分子分裂成原子，原子再重新组合成生成物的分子”以及原子与分子的区别：本质在于化学反应中分子能分裂，而原子不能分。如讲到“电解质是在水溶液中或熔融状态下能导电的化合物”时，应剖析到：①该句的主干“电解质是化合物，不是化合物就免谈”；②条件是在水溶液或熔融状态下。两者取一即可，这样学生也明白了“$BaSO_4$”等难溶性盐也是电解质；③“能导电”说明了电解质在满足条件下能电离，强调电解质本身能电离，这样就可以排除学生认为

“CO_2、NH_3”也是电解质的可能性。

④教师在讲课时，若遇到现阶段还无法准确讲清楚的概念，在叙述上应加上“一般来说”、“通常是”等字眼，为以后的教学留有一定的余地。

【案例】

初中讲“金属活动性顺序”应用时，应说明“一般情况下”，排在前面的金属可以把排在它后面的金属从盐溶液中置换出来（除了K、Ca、Na之外）。再如讲到“离子键”时，“一般由活泼的金属与活泼的非金属构成的盐含有离子键”，因为$AlCl_3$中Al与Cl是通过共价键结合的。

（2）简洁精练。有些化学概念、原理较抽象，难理解，难记忆。若过不了这一关，以后的化学学习会有许多的障碍，教师可以用贴近生活的一些实例来把知识具体化、形象化，以便于学生记忆。

【案例】

“初中电解水”，与电源正极相连的电极上产生氧气，与电源负极相连的电极上产生氢气。我们可以总结为“正氧（养）负（父）氢（亲）”。高中讲到氧化还原反应时，概念多而且繁杂，易混淆，我们可以总结为一副对联：“失（师）升（生）同氧（洋）化，得降（奖）共还原（愿）”，横批“电子转移”，这样一来学生能深刻理解和牢固记忆。许多比较繁杂的知识，教师在上课时应该突出重点，抓住关键，不应机械重复，废话连篇。如在讲解过滤操作时，总结为“一贴、二低、三靠”等。如讲解酸、碱、盐溶解性表时，可总结：“钾钠铵盐个个溶，硝酸盐类也相同，硫酸盐除去钡和铅，盐酸盐除去银亚汞，其余几乎都

不溶。”这样很复杂的图表用压韵的诗词概括，不仅易记而且增趣。

（3）生动幽默。现代的学生思维活跃，外向好动，教师在上课的时候偶尔加一些小幽默，可以缓解学生的沉闷气氛，拉近教师与学生的距离。

【案例】

初中讲燃烧的条件时，我们可以说：“中国有句老话‘水火不容’，我可以证明这句话是谬论”，其他同学就会愕然了，然后我演示实验——向热水中的白磷通入氧气，可以看到白磷在水中燃烧，学生的兴趣就会大增，同时领悟到了燃烧的条件。

讲到实验“CCl_4 萃取碘水中的碘单质”时，教师可以这样叙述“互不相溶的溶剂 CCl_4 与水之间爆发了一场夺碘战争，谁是胜者呢？由实验事实可知是 CCl_4，他凭借什么优势打败水的呢？由于碘在 CCl_4 中的溶解度比在相同的条件下在水中的溶解度大得多，水也只能眼睁睁地看着心爱的碘被 CCl_4 夺走而无奈”，这样一来，学生被逗乐了，课堂气氛也活跃了，当然学生学习积极性也被提高了。

当然，幽默只是手段，并不是目的，不能为幽默而幽默，如果脱离教材的内容和实际需要，一味调笑逗乐，那只会给学生以粗俗轻薄之感。

3. 如何训练教师的教学语言

（1）多读书、读好书。无论什么都可以，做到“开卷有益”，教师不一定成为专家，但可以做一个“杂家”，什么都略知一二，这样上课就可以信手拈来，让学生知道化学教师不只是懂化学，而是全面发展，对他们也是个榜样，让同学们信服。学生只有对教师信服，才能对化学学科有兴趣，才能主动积极去学化学。

（2）多听。听广播、听故事，特别是中央人民广播电台主持人的语言，一方面可以学普通话，还可以学习他们说话的语气语调。多听有经验教师的课，学习他们的语言、对于问题的分析，如何化难为易，化抽象为具体。

（3）多看。多看表演类的节目，学习其他人是怎样通过肢体语言表达自己的情感的。

（五）引导学生掌握重点、突破难点

教学难点是指学生不易理解的知识，不易掌握的技能技巧。教材的难点常常出现在化学思想迅速加密深化、大步跳跃的地方，出现在化学知识较为抽象的地方，出现在化学方法较为综合的地方。从而导致学生在化学知识的认识和理解上不深刻，似懂非懂，为以后的学习设置了障碍，因此必须要突破。

1. 怎样引导课堂教学中的难点

（1）从学生的认知出发设疑，启发引导，突破教学难点。

【案例】

物质的量是中学化学的一个重点，也是难点。可以设计如下问题：

问题 1：化学方程式 $C+O_2=CO_2$ 的含义是什么？

学生回答：　　$C+O_2=CO_2$

宏观（质量之比）　12∶32 ∶44

微观（粒子数之比）1 ∶ 1∶1

问题 2：微观上看 1 个碳原子与 1 个氧分子恰好反应，实验室里可否称取 1 个碳原子与 1 个氧分子进行反应呢？学生都认为不可能，因为粒子（分子、原子、离子等）是我们肉眼观察不到的，更不可能对它们进行称量。

问题 3：实验室里可否称取 12g 碳与 32g 氧气进行反应？回答是肯定的，并且是恰好完全反应。

问题 4：由以上分析可以得出什么结论？12g 碳中含有的碳原子数与 32g 氧气中含有的氧分子数一定相等。

问题 5：12g 碳到底含有多少个碳原子、32g 氧气含有多少个氧分子呢？同学们不难发现矛盾已经存在了。这时，经过激烈的讨论后，大家都认为应该建立一个微观粒子与宏观可称量的物质联系起来的桥梁。这样自然而然引入物质的量概念。然后指出“物质的量”实际就是一个物理量。轻松引入“物质的量”概念之后，下面要解决的难点就是，建立物质的量与质量、微粒数等的联系。类比学生们知道的长度为 1 米是如何规定的，这时教师应及时告诉学生国际统一的规定：规定 1mol 粒子所含的数目就是 12 克 C—12 中所含的 C 原子的数目，约为 6.02×10^{23} 个，进一步引出 NA，从而建立物质的量（n）与微观粒子个数（N）之间的联系：n= N/NA。接着由初中所学习的“相对原子质量”的概念推导出 1mol 任何物质的质量是以“克”为单位时，其数值恰好等于该物质的相对数原子质量或相对分子质量，这样就引出摩尔质量的概念，由摩尔质量（M）建立物质的量与物质的质量（m）之间的联系：即 n= m/M 。最后通过做练习，让学生充分展示自己的思维过程，并进行交流讨论，从而牢固掌握物质的量这一难点。

（2）通过实验来突破重点难点。化学实验是最好的感性材料。一个成功的实验，就是一种无声的演说、讲解，胜过教师的千言万语。在中学化学中，几乎每一个实验都在为突破难点铺平道路。

【案例】

在学习“氯水的漂白性”时，有这样一个讨论题：向 NaOH 溶液中滴入几滴酚酞，溶液变红，再滴入几滴氯水，红色褪去。学生经过讨论提出了以下假设：

假设一：氯水有漂白性，所以 NaOH 的酚酞溶液的红色褪去。

假设二：氯气与水反应生成的盐酸和次氯酸中和了 NaOH，所以 NaOH 的酚酞溶液的红色褪去。

我让学生自己设计实验方案，探究两种结论哪种是正确的。学生做了如下设计：

向加入氯水后的 NaOH 酚酞溶液中，再返滴 NaOH 溶液。如果是假设一，则溶液不会变红；如果是假设二，则溶液变红。并由此进行实验，得出了氯水具有漂白性的结论。

（3）运用多媒体辅助教学，克服教学难点。多媒体辅助教学，可以延伸人的视觉和想象，使抽象内容形象化，静止内容动态化，降低难度，使教学难点得以突破。还可以帮助学生建立较好的空间想象和推理能力，化解思维障碍。

【案例】

在传统教学中，溶解和电离过程是教学的难点，因为仅仅依靠老师讲解微粒的扩散和水合，学生会感到很抽象。但是通过多媒体 CAI，可清晰演示出物质溶解和电离的过程。以食盐溶于水为例，首先在画面上出现一杯水，动画模拟水分子在做无规则的热运动，把 NaCl 晶体投入

水中后，水分子会向 NaCl 晶体表面进攻，Na^+ 和 Cl^- 在水分子的作用下分离，离开晶体的表面进入溶液，然后水分子把 Na^+ 和 Cl^- 分别包围起来，即 NaCl 晶体在水中完成了扩散和水合的过程——溶解和电离。学生通过多媒体动画的演示，直观地认识了物质的溶解和电离过程。

（4）运用类比迁移的方法，化解教学难点。类比是重要的思维过程，也是重要的思维方法。学生对新知识的获得，必须是由浅入深、由已知到未知、循序渐进地进行。教师应引导学生先回忆旧知识，我们应尽量将新旧知识联系起来，“以旧引新，以旧带新”，运用类比推理，实现突破难点的目的。

【案例】

“氧化还原反应”是高中化学教学的重点和难点，理解和掌握它有一定难度。但若先从初中学过得氧失氧的角度分析氧化和还原反应，再类比提升到化合价升、降的角度分析。这样学生理解和掌握该理论也就容易多了。以初中 H_2 还原 CuO 为例：$H_2+CuO \xlongequal{\triangle} Cu+H_2O$，同学们都知道从 $H_2 \rightarrow H_2O$，H_2 得到 O，发生氧化反应，H_2 被氧化，$CuO \rightarrow Cu$，是失去 O 的过程，发生还原反应，CuO 被还原，且是被 H_2 还原，所以 H_2 还原剂，CuO 把 H_2 氧化为 H_2O，是氧化剂，我让学生们认真地分析理解并记忆该反应中的有关概念，然后让同学们分析该反应物质中各元素的化合价改变，从而得出 $H_2 \rightarrow H_2O$，H 元素化合价升高，发生氧化反应，H 被氧化成高价态，是还原剂。

$CuO \rightarrow Cu$，Cu 元素化合价降低，发生还原反应，+ 2 价的铜被还原为低价态，做氧化剂，再提升到化合价的升降是氧化还原反应的特征，而本质是电子转移。

（5）利用化学与其他学科的联系，解决教学难点。化学跟生物、物理、地理乃至数学、语文等学科都有着密切的联系。我们在教学中要把它们有机地融合起来，充分利用学科间的联系，帮助我们化解教学中的难点。

【案例】

如：判断多原子分子是极性分子还是非极性分子是教学中的一个难点，如何突破这一难点呢？可以借助物理学中的受力分析来突破：选取中心原子为质点，然后对质点进行受力分析。如果质点合外力为零，则分子为非极性分子．如果质点合外力不为零，则分子为极性分子。如：CO_2 分子，由于两个氧原子与碳原子在同一直线上，两边的作用力相等，方向相反。相互抵消，合外力为零，故 CO_2 分子为非极性分子。通过以上的教学，学生自然总结出这样的结论：以中心原子为质点，对质点进行受力分析，合力为零者为非极性分子，合力不为零者为极性分子。

（六） 引导学生不断优化认知结构

学习过程是学生认知结构不断优化的过程，在这个过程中，教师是认知的主导，学生是认知的主体，是决定学习效果的直接因素。

认知结构简单来说就是学生头脑中的知识结构。优化认知结构的几项初步措施有如下几点：

1．引导学生分析教材整体知识结构

任何一门学科，都具有一定的逻辑性，孤立知识的教学不能使学生

构建良好的认知结构。为了帮助学生构建良好的认知结构，教师必须引导学生对教材进行逻辑分析。只有理解这些逻辑，才可能从整体上理解知识的内在联系。

【案例】

在学生学习必修2“化学反应与能量”一章时，我首先引导学生对全章做逻辑分析：本章内容分为两部分——化学反应与能量、化学反应速率和限度。初中化学从燃料的角度初步学习了“化学与能量”的一些知识，这里通过学习化学能与热能、电能的相互转化及其利用，学生将对化学在提高能源的利用率和开发新能源中的作用与贡献有初步认识。通过对化学反应速率和限度的讨论，学生对化学反应的条件将从原理上加深认识。为以后选修“化学反应原理”打好基础。

2. 了解学生原有的认知结构

在教学中，教师只有充分了解学生、知道学生已经掌握了什么，才能选择合适的教学方法、教学模式和教学策略来进行教学。

(1) 了解学生原有的认知状况。在上课前，教师要充分了解学生已有的知识情况，尤其是与新知识有密切关系的已有概念和原理的掌握情况，这是教学设计时选择有效的教学策略和方法的依据。

(2) 注重新旧知识的联系。教学中要善于从已有的知识过渡到新知识，充分揭示新旧知识的联系与区别，以旧促新，以新带旧，以利于学生进行同化学习。

【案例】

在讲解氧化还原时我首先从初中的 $H_2+CuO \xlongequal{\triangle} Cu+H_2O$ 反应入手，从得氧和失氧的角度分析，$H_2 \rightarrow H_2O$ 是得氧的反应，我们称之为氧化反应，H_2 被氧化而生成 H_2O，H_2 是还原剂，具有还原性，H_2O 是氧化产物；而 $CuO \rightarrow Cu$，是失氧的过程，我们称之为还原反应，CuO 被还原而生成 Cu，CuO 是氧化剂，具有氧化性，Cu 是还原产物。在学生掌握这些内容之后，我们再上升到从化合价的升降角度来分析氧化还原反应，若有的学生不太适应该法，他只要想到初中的“H_2 还原 CuO”反应，就可以举一反三了。

3. 创设问题情境

在新课程实施过程中，教师应为学生创设各种问题情境，引发学生认知冲突，让学生在实际情境下或在通过多媒体创设的接近实际的情境下进行学习，并提供丰富的思考和解决问题的素材，为学生建构合理认知结构创造条件。

【案例】

在上硫酸一课时，我讲了一个关于星球的故事：据探测有一个星球所处的太空环境与地球相似，表面也有液态物质，科学家就要探测该星球上是否有生命的痕迹，结果发现该星球表面的液体是浓硫酸，科学家得出该星球中无生命存在的结论，为什么呢？要想知道问题的答案就来学习有关浓硫酸的性质吧。

4. 开展多种学习活动

学生学习的过程是积极建构知识的过程。因此，在化学教学中，教师要设计多类型、多层次的学生活动，通过学生的独立探究、交流、合作和讨论，积极自主建构新的认知结构。

【案例】

"元素周期律"是中学化学教学的重点，也是难点。在组织互助学习时，教师提出学习提纲：(1) 元素的性质决定于什么？(2) 什么叫原子序数？原子序数与质子数、核电荷数有什么关系？(3) 请画出 1—2、3—10、11—18 号元素的原子结构示意图，分析原子核外电子层数和最外层电子数的变化有什么规律。(4) 看书上的表，总结原子半径的变化和元素主要化合价的变化有什么规律？(5) 思考是什么因素直接决定原子半径、元素化合价等元素性质的变化的？学生先阅读教材，自主学习。在此基础上开始小组讨论、协商，在与别人交流中发现规律、自己主动去纠正错误的或片面的认识。最后由教师进行归纳、总结，由师生共同完成对所学知识的建构。

（七） 化学实验教学

化学是一门以实验为基础的自然科学，加强实验教学，是提高化学教学质量的重要一环。

1. 化学实验教学的定义

化学实验是指化学学科中为了了解化学现象、检验化学理论或假说而创造特定的条件，以观察、研究化学变化及其结果的活动。化学实验教学是按照一定的化学教育目标和教学计划，教师指导学生观察研究化学变化现象，从而学习化学知识、训练化学实验技能、形成科学的世界观与方法论的教学活动。

2. 实验的分类

根据教学作用分类我们可以把实验划分为验证性实验和探索性实验；根据教学内容进行分类，就可分成揭示化学基本概念和理论的实验、研究元素化合物性质及其相互关系的实验、制备实验、定量实验及综合实验等几类；按实验在教学中的作用可分为基本操作实验、探究性实验和趣味性实验。

3. 边讲边实验应注意的事项

教师在应用边讲边实验时，应注意以下几点：

(1) 结合实际：教师在确定边讲边实验的教学内容时，首先要考虑教材的内容和教学要求，其次还要根据本校的实验设备具体情况，把实验现象明显、直观、操作简便、安全可靠的演示实验，确定为边讲边实验的内容。教师一定要注意，千万不要盲目地将课本中的演示实验，都改为边讲边实验；另一方面也要注意，边讲边实验，在一节课中的应用，不宜过多过长，特别是初三年级，在一开始时，尽量少用，因为学生的基本操作还不规范，许多操作要在教师的演示实验中来模仿、学习。

(2) 充分准备：充分难备，是确保边讲边实验顺利进行的前提。仪器、药品在课前必须准备齐全，药品还应经过预试，检查浓度大小是否合适，确保实验成功。否则必然影响实验纪律和课堂教学效果。

(3) 严格要求：教师首先要做好实验前的组织工作。为了达到预期的教学目标，在实验前，教师必须严格要求学生，集中注意力听教师的讲述。而教师一定要将实验的目的、要求、操作、注意事项等，逐一向学生交代清楚。必要时教师还要先进行示范，让学生模仿，然后再让学生动手操作。

(4) 重视指导：在实验时，教师一边讲授，同时还应走下讲台，到学生中间，进行个别指导。当发现学生共同存在的问题时，要停下来进行集体辅导之后，再进行实验和讲授，在课堂上要充分发挥教师的主导作用。教师要善于掌握时间，把讲授与组织学生实验，有机地结合为一个整体。

4. 分组实验应注意的事项

分组实验即学生自己动手操作的实验。它是指在学生完成某一单元或是某一章的学习之后，在教师的组织指导下，利用整堂课的时间，在实验室内独立或分小组运用所学的化学知识，去进行化学实验操作，观察和思考实验现象，作好实验记录，写好实验报告。

教师在组织学生分组实验时，应注意以下几点：

(1) 课前预习：在学生预习的基础上，实验前教师还必须把实验目的、实验方法、实验步骤以及实验用品，再给学生重复讲解一次，直至学生了解清楚为止。这是学生实验成功的先决条件。

(2) 用品清理：实验所用的仪器、药品，一般是由实验教师或实验员课前准备妥当，放在实验台上或用品盒内。在上课时，教师应首先让学生清点实验用品，看看是否短缺，有无破损。若有短缺与破损，教师应及时给学生补齐。因为总会有部分学生不按教师的布置进行预习，这样当然也就不可能知道实验需用什么仪器，什么药品了。所以课前清理用品，则可以达到检查预习的目的。

（3）进行实验：由于实验前，常需组装仪器，加上实验时，一方面进行实验操作，另一方面要注意观察实验现象，同时还要将观察到的实验现象与实验数据记录下来。所以，教师一定要要求学生做好充分的准备，才能达到预期效果。如若不然，学生准备不充分，将会顾此失彼，较难完成实验任务。

（4）课后整理：实验完毕，教师首先要做好小结，评优补差。然后再要求学生将所用物品，洗刷干净，原样放好。争取在课堂上整理好实验记录，完成实验报告。

教师一定要注意，在学生分组实验中，决不允许谁先做完、谁先走的错误做法。实验报告应由教师批阅，也可当堂让学生相互批阅，教师从旁加以辅导。

当学生实验时，教师不能离开现场，应从旁认真进行辅导，这时教师应该做好如下几项工作：

①实验仪器、药品的补发与回收。

②给学生提示实验的简单操作程序与注意事项。

③指导学生观察实验现象，作好记录，培养学生良好的实验态度和习惯。

④帮助学生解决实验中的困难和纠正学生的错误操作，培养学生的实验能力。

⑤处理学生实验中的偶发事件，一般是指实验中出现的异常现象或因疏忽发生的意外事故。对此，教师要有科学态度，善于分析事故原

因，果断加以处理。

（八） 指导学生掌握学习策略

为达到减轻学生学习负担，大幅度提高教学质量和学生学习效率，使学生“愿学、会学”的目标，这就要求学生在学校教育中必须掌握优良的学习策略。

1. 学习策略的定义

目前人们对学习策略的概念还没有一个统一的界定。一般认为：所谓学习策略，就是学习者为了提高学习的效果和效率，有目的有意识地制订的有关学习过程的复杂的方案，或者说是学习者根据学习情景的特点和变化而采用的达到一种或多种学习目标的学习方法。

2. 化学学习策略分类

(1) 记忆策略。记忆是人们获得知识、技能，形成各种能力的重要基础。

【案例】

在氧化还原反应的学习中，由于概念多且这些概念之间有相似、相近、相反、相关联的关系，导致概念记忆中常出现概念的混乱。如采取简约记忆法，从概念中找出一些关键词，加以简化，并串连成线，提示性缩略为：还原剂—失—升—氧（发生氧化反应、被氧化、生成氧化产物）；氧化剂—得—降—还（发生还原反应、被还原、生成还原产物）。让学生诵读至脱口而出，此忧可解。

（2）归纳策略。归纳策略就是从了解和掌握个别典型事例入手，触类旁通，连线结网，综合获得整体性知识的一种学习策略。如元素化合物知识的学习一般可采用：先研究个别典型或常见元素的性质，再归纳推理出一族元素可能具有的性质，并通过实验加以验证，从而得出同族元素的共性。即点—线—网的归纳学习策略。

（3）演绎策略。演绎策略与归纳策略是两个相反的过程，是一个由一般到个别的认知策略，是在已知概念、原理、规律指导下解决新问题，并能举一反三的策略。

【案例】

在学习溴、碘元素的化学性质时，首先引导学生回顾氯的化学性质（先前知识），并归纳出卤素的性质，溴、碘属于卤素，应具备卤素的通性从而推出溴、碘可能的化学性质，并用实验进行验证（形成新知）。

（4）假设策略。学习的假设策略是指运用已知的化学原理和化学事实，对未知的化学现象及其规律做出假设说明，即一种尚待检验的化学陈述的思维策略。其策略模式是：对已知的事实提出假设，实验或收集资料，加以证明，最后得出结论。

【案例】

许多化学推断题的解法，常用假设策略。如某单质气体，在中学学

习中的单质气体常见的有 H_2、O_2、N_2、Cl_2，在依据题目中的其他条件来排除其他答案，最终得到正确的结论。如对"同分异构体"、"同素异形体"、"同位素"、"同系物"的概念比较中：同分异构体要紧抓住"同分子式不同结构"；同素异形体要紧抓住"同种元素组成不同单质"；同位素要紧抓住"在元素周期表中同位置（同种元素）的不同原子"；同系物是同一系列物质（主要指有机物）就像数学中的等差数列，公差数为"CH_2"原子团。

（5）比较策略。学习的比较策略是指在不同化学事物之间确定差异点和共同点的一种逻辑方法。化学学习过程中如果善于运用比较的学习策略对那些既有联系又有区别的概念、原理、实验进行对照分析，不仅能找出知识的异同，而且能增加掌握知识的清晰性、可辨别性和可利用性。

（6）探索策略。学习者自主地通过假设、检验等发现性学习活动来解决问题，通过概括问题解决过程来形成正面或反面的学习经验与体验，通过概括问题解决的结果来形成化学知识和技能等。这种策略偏重于过程、方法学习，其模式为：感知问题、收集资料、实验观察、假设检验、概括形成化学知识技能。

（7）图示策略。系统化、整体化、结构化的知识具有广泛的迁移和应用价值。学习的系统化策略是指学习者在知识学习的过程中通过在头脑中真实构建认知结构图而使知识系统化、整体化、结构化的一种方法，即构建知识体系。要引导学生对知识结构进行梳理，形成板块结构，实行"整体集装"，让学生迅速形成良好的认知结构。

【案例】

对氧化还原反应概念的复习，采用如下关系图，有利于学生形成系统化的知识。

还原性←——还原剂——→失 e^- ——→升价——→被氧化——→发生氧化反应——→得到氧化产物

氧化性←——氧化剂——→得 e^- ——→降价——→被还原——→发生还原反应——→得到还原产物

又如实验室制取气体，氧气、氨气等是固体与固体混合加热生成；二氧化碳、二氧化硫、二氧化氮等是固体与液体（不加热）所得；氯气、乙烯等是固体与液体混合加热制成。这三种方法基本上涵盖了实验室制取气体的方法，这些气体制备实验和其他化学实验互相交叉，使化学知识网络化、整体化，使学生对各物质的共性、特性都具有全面的认识。

3. 学习策略的训练

(1) 学习策略训练的原则

①主体性：训练学生主动性和能动性的充分发挥。

②内化性：训练学生不断实践各种学习策略，逐步将其内化成自己的学习能力，并能在新的情境中加以灵活应用。

③特定性：指学习策略一定要适于学习目标和学生的类型。

④生成性：指学生要利用学习策略对学习材料进行重新加工，生成某种新的东西。

⑤有效的监控：指学生应当知道何时、如何应用他们的学习策略并能反思和描述自己对学习策略的运用过程。

⑥个人自我效能感：指教师给学生一些机会使他们感到策略的效力

以及自己使用策略的能力①。

(2) 教师指导学生掌握学习策略的注意事项。①学习者的动机、信心和意识水平。学习者学习化学的愿望越强烈，越是认为自己能掌握好的学习方法，就越是注意化学学习策略的使用，愿意付出更多的努力来掌握它。反过来，如果学习者不想学习、不想学好、对学好化学缺乏信心，他就会很少考虑化学学习策略问题。

②学习者的知识水平及性质。丰富的知识背景可以为化学学习策略的形成提供基础，并且促进化学学习策略的应用。具备氧化还原反应知识的学习者在配平复杂的氧化还原反应方程式时，就可以采用比较好的配平策略，例如根据得、失电子数相等或者用半反应法配平，一般不会采用尝试错误法来“凑平”。学习者的知识水平及性质不仅影响他的记忆策略，也会影响他的思维策略、解决问题策略等化学学习策略。

③学习者的分析能力。比如训练学生学会如何确定学习目标，知道自己需要学什么。培养他们区别学习材料中主要观点和次要观点的能力，这是学生运用记忆术、笔记法、提问法、概要法及其他学习方法的前提技能。根据学习目标的指向选择合适的学习方法。

④教师的教学方法。在教学中教师经常采用启发式教学，不包办代替，不搞填鸭式、注入式教学，只在某些节骨眼上稍加点拨，从而对学生起到举一反三、闻一知十的作用。

在我们的化学学习策略应用实验中，对学生的学习目标加以引导，组织学习方法的交流会，帮助学生制定学习的计划，规范学生的学习习惯（如发给学生学案，教给学生记笔记，以及如何利用笔记来提高学习效率等等活动）来指导和提高学生的认知策略水平。使学生由被动的评价（如教师评价，家长评价，同学评价）转化为积极主动的自我评价，

①王身佩．学习策略释义［J］．河南教育学院学报（哲学社会科学版）：2004，（4）．

提高学习的成效。建议教师在教学评价中，增加学生的自我评价，使学生养成自我反思的习惯。学会在学习活动前期、过程中和后期进行自我监控，以取得事半功倍的效果。

化学学习中会有许多有争议或有难度的问题出现，这时，教师应鼓励学生通过讨论解答。讨论时，教师要启发学生层层深入地分析问题，疏导思维障碍；纠正思维偏差等。学生可根据已有的知识，想办法解决，最大限度地发挥其创造潜能，调动其探究积极性。

指导学生整理、小结，归纳各知识点及各知识点之间的联系，分析知识点与考点的关系，研究学习方法，并对自己的学习过程、思维方法、思维品质进行评价和整理，从而使知识达到高层的迁移。探究习惯一旦养成，思维品质也就得到了最大限度的优化，探究能力自然也就得到了提高。

总而言之，基于新课程理念，为将教学方法和培养学生学习策略整合起来，我们的教学方法应注重学习策略的培养和发展。以激发动机为前提，以过程和方法为载体，以训练和迁移应用为手段，促进学生学习策略的发展，学会反思和归纳总结，从而逐步形成有效的学习策略。

（九）有效提问

1. 有效提问的定义

凡是能有效地促进学生的发展，有效地实现预期的教学结果的提问都可称之为有效提问。新课程背景下的化学课堂教学，教师的有效提问

应是根据教学需要从不同的角度、层次和要求提出的，能引发学生思考，对学习内容展开丰富的想象。这样，才能培养学生的探索性思维，这样提出的问题才有价值。

2. 课堂提问的原则

（1）目的性。课堂提问应围绕本节课的的教学重点及难点来设置，以便于有效地引导学生思维，为实现教学目标服务。

【案例】

《苯酚》的教学目标是从结构和官能团上来认识苯酚的化学性质。在授课之初，教师可提出如下问题：从结构上看，1. 苯酚分子有羟基，乙醇分子中也有羟基，它的水溶液是否像乙醇溶液一样也显中性呢？2. 苯和苯酚都有苯环结构，苯能跟溴发生取代反应，苯酚有这种性质吗？然后通过实验验证，得出性质是由结构决定的结论。这样的提问可以把学生的注意力直接引向教学目标，保证课堂教学任务的顺利完成。

（2）思考性。对于浅显知识，教师在提问时要注意不能仅停留在问题表面，要引导学生探究深层次的规律性知识。

【案例】

非金属的氢化物中，H_2O、H_2S、HCl、HF 等氢的元素符号写在左边，而 CH_4、NH_3 等氢的元素符号却写在右边。像这样的问题容易被学生忽略而出现错误，如果带领学生仔细分析不难发现，第一组氢化物中的氢原子少；而第二组的氢原子多（大于等于 3），这样一来学生就可

以写出 PH_3 和 SiH_4 的化学式了。

对于难度较大、综合性较强的问题则要化整为零，各个击破。避免问题太难使学生失去兴趣。

【案例】

“实验室如何制备氢氧化亚铁?”这个问题比较笼统，学生抓不住关键。若将其分为：①氢氧化亚铁在空气中放置会发生怎样变化？②制备氢氧化亚铁的关键？③为什么用煮沸过的水配 NaOH 溶液？④为什么用新配制的 $FeSO_4$ 溶液中还有 Fe 粉存在？这样层层深入的问题，激发了学生的思维，使之不仅知其然更知其所以然。

（3）艺术性。若问题过于呆板、机械，学生只是回答“是”或“不是”，收不到好的教学效果。在提问时应创设一种触及学生情感的情境，有意识地把学生引入一种解题的最佳心理状态。在提问时若能旁敲侧击，问在此而意在彼，并结合一定的问题情境，更能激发学生的学习兴趣，促进学生积极地思考。

【案例】

在新疆与青海两省的交界处有一狭长山谷，每当牧民与牲畜进入后，风和日丽的晴天顷刻间电闪雷鸣，狂风大作，人畜皆遭雷击而倒毙。奇怪的是这里的牧草茂盛，四季常青，被当地牧民称为“魔鬼谷”。请用化学方程式表示“魔鬼谷”牧草茂盛，四季常青的原因。通过科普知识的包装，与单纯让学生写出工业制备 HNO_3 反应的化学方程式，教学效果显然不同。

（4）层次性。教师在突破难点时所设计的问题应由易到难、层层推

进，环环紧扣，从而突破难点。

【案例】

在“原电池”的教学中，用水果电池导入新课，激发了学生的兴趣和求知欲。引出原电池概念后，通过演示实验引导学生观察现象并记录在表格中。可以设计如下的问题进行讨论：1. 锌和稀硫酸反应的实质是什么？2. 锌和铜哪个更容易失电子？3. 氢离子在哪得到电子，这些电子是谁失去的？4. 实验中的电流是怎样产生的？5. 电流和电子流动的方向？6. 设计并动手组装原电池，写出体会。为突破难点，使学生更好地理解，可以利用多媒体模拟原电池工作原理。这样学生经历了一个提出问题、分析问题、解决问题的完整过程，有利于培养学生的思维，提高学生分析问题的能力。

3. 提问的注意事项

（1）教师应避免在课堂提问中出现如下误区：①什么都要问；②只提问好学生，不提问后进生；③对差生进行惩罚性提问，给学生难堪；④提问没有层次性，难易问题无阶梯；⑤提问表达不清，不知所云；⑥对学生的反问不理不睬；⑦不能及时把握师生互动，追问下去，扩大战果等等。

（2）提问中要选择合适的对象和时机。在化学课堂教学中，教师提问后，要停顿一会儿。关注学生对问题的反应：若学生对回答这个问题比较有把握，他会有一些相应的特征，如嘴微张，身体稍前倾，眼睛也睁得更大一些，或许会抬起头微笑；而对听到问题后低头或躲避教师的目光者，则可能他对这一问题不会。因此，在教师提出问题后停顿期间，要寻找这些表现。当学生对问题不能回答时，一定要有必要探询。要善于运用探询的方法帮助学生更深入地思考，提示思维方法上的不足之处，要运用追问、解释等帮助学生回答，最终达到满意的效果。

（3）提问要兼顾各类学生。较易的问题让基础较差的同学回答，给他们创造成功的机会，增强学习的信心；较难的问题让基础较好的学生回答，鼓励他们运用多种方法思考，以提高他们综合运用知识的能力。

【案例】

对于氧化还原反应难点的突破，可以采用以下的提问：

（1）氧化还原反应的本质是什么？

（2）如何判断一个反应是否是氧化还原反应？（前两个主要针对中下学生）

（3）试举例说明盐酸既可作氧化剂，又可作还原剂。（主要针对中等生）

（4）“有单质参与的反应一定是氧化还原反应。”是否正确？（主要针对中上等生）

最好的提问是先提出问题，后点名回答，点名后还要强调：其他同学注意听，稍后找同学评价和补充。不过，有时对于开小差的学生突然发问可以使他集中注意力。

（4）对学生的回答必须要作出评价。对于学生的回答教师要有恰当的评价和分析，不能简单地判断为对或错。要坚持表扬为主，时刻给学生以鼓励。对基础较差的学生尤其要特别鼓励，增强他的自信心。当学生的回答只停留于表面、理解不深、思路不对时，教师应及时引导学生审清问题，找出关键所在。在评价学生回答时，教师也要有民主作风，让学生有插话、提问和发表不同意见的机会，形成一种和谐、宽松的教

学氛围。

4. 有效课堂提问的最佳时机

提问时机的掌控对提高课堂效率有很好的帮助。

（1）在无疑处设问。有些教学内容看上去比较简单、易懂，因此学生学习积极性不高，此时就需要教师采取措施，打破这种局面。

【案例】

在归纳四种基本反应类型与氧化还原反应的关系时，通过列举的实例，学生很容易就得出下面的结论："凡有单质参加的化合反应、有单质生成的分解反应均为氧化还原反应。"大多数学生的认识停留在表层阶段，教师就可以适时地追问："有单质参加或有单质生成的反应一定是氧化还原反应吗？"一石激起千层浪，学生们的思维马上活跃起来，纷纷参与讨论，课堂气氛得到改观，教学效果非常明显。

（2）在重点、难点处提问。教材中的重点、难点也正是学生感到学习困难的所在。在重点、难点处恰当的设问则能起到事半功倍的效果。

【案例】

在讲授"氢硫酸与某些重金属盐反应"这一性质时，可先进行有关实验：$H_2S + CuSO_4 = CuS\downarrow + H_2SO_4$，$H_2S + Pb(NO_3)_2 = PbS\downarrow + 2HNO_3$，$H_2S + CdSO_4 = CdS\downarrow + H_2SO_4$，通过对实验现象的鲜明感知，要学生接受上述方程式并不困难。若进一步质疑："这些反应是不是复分解反应？"这一问题就像在学生平静的脑海里一石激起疑问的波涛。

当学生判断出它们都是复分解反应时，自然而然地又会产生“弱酸怎么能制取强酸”的疑问来，在学生显得一筹莫展之时，教师再从旁点拨，引导学生对照实验室制取 H_2S 反应方程式，于关键之处（金属硫化物在酸中的溶解性）轻轻一点，使学生恍然大悟，从而使氢硫酸性质中的这一教学难点顺利得到解决。

（3）在关键处提问。在知识结构的关键处提问，就是在学生思维发展的转折处提问。

【案例】

在讲完“气体摩尔体积”一节后，教师提问：根据阿伏加德罗定律可得出哪些重要的推论？显然，这样的提问会使学生茫然失措，无从作答。若换成如下问题：1. 在相同温度和压强下，气体体积和物质的量的关系如何呢？2. 在温度、体积保持不变的情况下，气体的压强与物质的量有何关系呢？3. 在同温同压下，气体密度与其摩尔质量的关系如何？就能使学生在积极动脑、紧张思考的基础上得出满意的答案，增强独立思考的信心。

（4）在新旧知识的结合处设计问题。

【案例】

教学“铵盐的性质”时，可先复习氨气的实验室制法，然后选择 NH_4Cl 为新旧知识的连接点，创设疑问：实验室制取氨气时，能否用 $(NH_4)_2SO_4$、$(NH_4)_2CO_3$、NH_4NO_3、$(NH_4)_3PO_4$ 代替 NH_4Cl？小小问题就像敲门砖一样，敲开了疑问之门，使学生全神贯注地投入到新知的学习中来。

（5）用实验现象来设计问题。

【案例】

讲授“原电池”一节时，先让学生动手实验：将锌片与铜片分别插入盛有稀硫酸的烧杯中，进一步验证锌与稀硫酸反应、铜与稀硫酸不反应的结论。然后将锌片与铜片用导线连接起来，再同时插在稀硫酸中，发现铜片表面立即有大量气泡逸出，而锌片表面则几乎没有气泡产生。针对这个“一反常态”的实验现象提问，能引起学生极大的兴趣，定能收到不同凡响的教学效果。

（6）在学生的思维受阻处设计问题。

【案例】

用燃烧法测有机物分子式的试验设计中用浓硫酸吸收产物中的水分，然后用碱石灰吸收产物二氧化碳，接着再接一个装有碱石灰的干燥管，很多同学不明白最后接这个干燥管有什么用，这时教师应用反证法来说明若没有该干燥管，考虑空气中的成分，会对该实验结果造成何影响？学生会由此恍然大悟，明白其中的奥妙。

教师的课堂提问是一门学问，又是一门艺术，没有固定的模式，要不断实践，不断摸索，不断探索和总结。

（十）根据教学反馈及时调整教学活动

教学反馈能使教师及时了解到学生的学习现状，帮助教师发现问题，从而调节教学进程，减少学生后继学习的障碍。它是优化教学过程实现教与学和谐统一的必不可少的环节，它贯穿于教学的全过程。

1. 教学反馈的定义

教学是一个信息传递系统，在这一系统中，教师是信息的传输者，在教学过程中起主导作用，学生是信息接受者，但他们要对所接受的信息进行加工与处理，再以一定的方式输出，这个输出的信息对教师来讲就是反馈，教师依据这种反馈信息对自己的教学活动作出分析与判断和反思，然后进行必要的修改和调整，更好地为教学服务。简言之，教学反馈是师生之间互动、交流的过程。

2. 反馈渠道与途径

常规教学过程的备课、教学、批改、辅导、考试、评价都是教学反馈的渠道，一般来说，上课是获取反馈信息的主渠道。教师在课堂上认真观察学生神态，听取学生的反映，及时调整教法策略，以更好地达成教学目标。

（1）观察。教师通过对学生察言观色，及时捕捉学生听课时的心理变化和情绪变化从而获得反馈信息。比如学生学习积极性不高，参与程度低，教师就要根据具体实际情况及时调整教学设计；如果是学生因疲劳而无精打采，解决的办法是采用新颖的教学方法，组织不同的活动形式或内容；如果是因为学生注意力分散，教师可以针对学生兴趣，增加或调整学习活动任务来吸引学生的注意力。

（2）提问。通过师生间的交流，学生回答问题获得信息，对于学生不能回答的问题，教师一定要作必要探询，要善于运用探询的方法帮助学生更深入地思考，提示思维方法上的不足之处，要运用追问、解释等帮助学生回答，最终达到满意的效果。

（3）操作。通过学生的实验操作了解学生对反应原理、操作步骤等掌握情况。

（4）质疑。通过学生提出的问题，可以获得学生对知识理解情况。

（5）练习或测试。通过课堂练习，了解学生的解题思维过程，获取学生掌握知识的情况。

3. 教学反馈对教师的基本要求

（1）要求切实把学生作为课堂的主体。在教学时要时时想着学生，处处关注学生，注意发挥学生的作用和调动他们的积极性。

（2）教师要善于观察，应能从学生的目光、表情和举止中，观察出他们是否在听，是否听得明白。要善于从练习、测试中准确地把握学生对新知识的理解和能力发展程度。

（3）教师要有一定的应变能力。对学生的某些出乎意料的回答或质疑，应能迅速反应，当即给予肯定、否定或作出恰当的解释。

（十一） 适度调整自我情绪

在教学过程中常常会遇到各种预料不到的问题，需要教师作出判断予以解决，以免影响后续的教学活动。其中教师的情绪对教学活动的影响是巨大的，因此，教师首先要学会调控自身的情绪。

1. 不要把不良情绪带到课堂

老师也是平凡的人，如果我们在生活中遇到了不顺心的事情或者家庭生活出现这样那样的问题时，情绪肯定会受到影响，这时千万不要压抑自己的情绪并把这种不良情绪带到课堂中去，因为如果教师心情不好势必会让课堂气氛压抑。死气沉沉的课堂又怎么能激起学生学习的主动性与积极性呢？当然，这也会影响老师在学生心目中的形象。这种时候与其带着情绪上课还不如给心情放点假，散散步或听听音乐，做做深呼吸，想一想好的事情；也可以采用自我激励的方式，不断告诫自己，“不要生气，要宽容，要微笑”，尽力控制好自己情绪。若在生活中遇到不顺心的事情，要告诫自己什么样的事情都要想得开：如果抱怨环境不好想一想是不是自己适应得不好，抱怨别人太狭隘是不是自己不够豁达，抱怨现在的学生不好教是不是我们的方法不够好。只要我们换一个角度就一定能让自己的心态平和，不会再带着不良情绪进课堂了，我们的课堂效率也就提高了。

2. 对于课堂突发事件处乱而不乱

现在的学生独生子女比较多，而且比较娇气。在教育学生时，若师生之间发生了矛盾，教师可以采用“回旋”的方法：他若刚，你就应该柔；他若柔，你就应该刚。做到刚柔相济，这样才能很好地化解师生之间的矛盾。对不良的行为努力避免武断，避免作出过敏、过激反应，或

者不闻不问，应该以消解为主，因势利导，设法缓解稳定学生的消极情绪，灵活地疏导，不要使课堂失去控制，不要急于当堂解决问题，不要无原则地迁就、放纵。

【案例】

曾经有这样一个学生，上课时总爱睡觉。老师提醒了几次，抬起头后又接着睡，而且还说别打扰了他的好梦。老师十分恼火，想让他站起来，他根本就不起来，教师很冲动想把他拉起来。学生说，怎么，你要打架吗？要就出去单挑。老师才冷静下来，意识到自己和学生都十分冲动，这样下去无助于问题的解决。于是，老师突然“柔”下来，说，单挑就算了，老师已经过了单挑的年龄，不敢和你比了，哈哈！我还是继续讲我的课吧！然后装着很轻松的样子继续上课。到下课后，教师把学生叫到办公室进行教育，这时学生也知道老师给他留够了面子，他的态度好了很多。老师提醒他不要睡觉是为了关心他，让他能够学到更多的知识，去拉他是比较冲动的做法，但提醒就应该注意了。但是这样和老师讲话是非常不礼貌的，然后问他该怎么消除影响，这位学生说在课堂上作公开检讨。就这样这个在班上被称为“睡神”的同学被老师的“柔”软化了，而且师生之间的关系也变得和谐了。

有时在课堂上遇到比较棘手的情况，教师不妨来点小幽默来处理事情，千万不要硬碰硬。

【案例】

有个女学生是出了名的难缠。很多老师都是不想理她，以至于她越来越不象话。有一次上课，竟然在课堂上用剪刀剪男同学头发。老师很生气，当面点了她的名，并质问她干什么。她竟然堂而皇之地说：“我给××理发呢。”教师不客气地说：“理发去理发店，这里是课堂。”她却更得意，“我这儿理发是免费的。老师，要不要我给你也理一理?”这时教师不要轻易说一些过激的话，比如说：“你给我滚出去”、“你是垃圾”之类的话语，这样不仅无助于解决问题，反而使师生之间的矛盾越来越激化。碰到这种情况，不如微笑地对她说：“好啊，下课了以后你给我理发，但现在可不行，咱们上的毕竟不是理发课，对吧，同学们。”

化学教师常常会遇到实验失败的尴尬，学生也常常遇到。如果是学生不遵守操作而出现实验的失误，与其花5分钟去批评学生，不如用这些时间去引导学生从药品用量、反应条件、仪器的适用范围、操作的注意事项、装置的改进等方面提出改进的方法。既培养了学生尊重客观事实的科学态度，又提高了学生探究问题、设计实验的能力。

三、作业设计与批改

作业是学生重要的学习活动，它有利于巩固课堂知识，形成基本技能和技巧，培养和发展学生的各种能力。通过布置和批改作业，教师可获得教学效果的反馈信息，及时调整教学策略，提高课堂教学的有效性。

（一）作业设计

1. 依据面向全体，兼顾差异原则设计作业

在一个班集体中没有完全相同的学生，不同学生的个性、品质、兴趣爱好都各不相同，基础知识、技能、学习态度、方法、能力等也不相同。不同的学生对于学习的承受能力是不同的，学生的作业负担与学生的学习能力有关。同样的作业，有些学生可能很快就完成，觉得作业的量少了，而有些学生可能觉得难了，花了很多时间未必能完成，作业量就觉得多了。因此，设计和布置作业时，充分考虑不同层次学生的实际，有针对性地调控作业难度，设计有梯度的分层作业，让学生根据自己的需要和能力自主选择作业的数量、内容，使作业既有统一要求，又能照顾不同类型学生的实际，从而让每个学生在适合自己的作业中取得

成功，促进学生差异发展。

根据教学内容和学生的实际情况，将作业量、作业难度和作业类型融合设计成A、B、C三种类别。其中，A类作业注重基础知识和基本技能的巩固和积累，要紧扣学生学习的内容，量要少、精、典型。C类作业偏重于综合能力的运用，具有一定的难度和挑战性，适合学习成绩好的学生，是自由选择性作业。B类作业则介于二者之间。教师根据学生的基础、学习能力、学习方法等规定A、B、C三类作业哪些学生必须完成，哪些学生可自由选择做。可从学生必做作业和自选作业的类型与难度上推断出学生学习能力的发展水平，从做题的认真程度、数量考查学生学习动机水平，也可从中了解到学生学习教材的难点所在，调节教学的进度。设置分层作业，放缓了知识坡度，注意了知识层次，能满足不同层次学生的要求，不同水平的学生都能体会到学习的乐趣，提高了学生作业的积极性和自信心，提高了课堂教学的质量和效益。

【案例】

例如在讲完金属的化学性质后，可布置分类作业：

A类作业：

1. 熟记并用元素符号默写金属活动性顺序表：

____。

2. 铝的性质比铁活泼，为什么铝锅却比铁锅耐腐蚀？能否经常用铝锅煮酸菜类的食物？

3. 写出下列反应的化学方程式

镁与稀盐酸反应　　铁与硫酸铜溶液反应　　铁丝在氧气中燃烧

B类作业：

1. 下列实验操作如图所示：

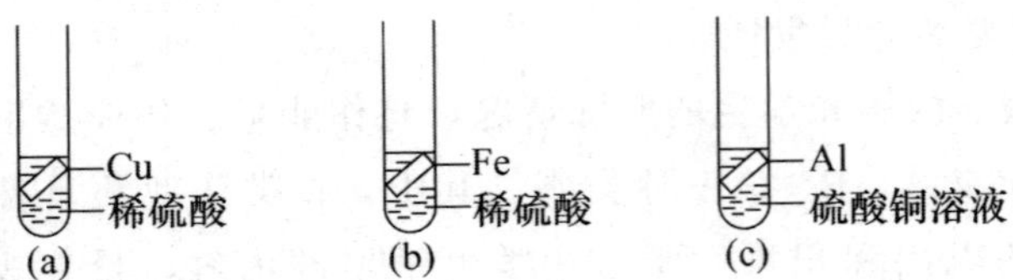

（1）有气泡产生的是（填序号）________试管，反应的化学方程式为________。

（2）一段时间后，在原金属片表面覆盖另一层金属的是（填序号）________试管，反应的化学方程式为________。

2. 如右图所示，你能得出哪些规律？（写两条），写出一个反应的化学方程式

C 类作业：

1. 将质量相同的A、B、C三种金属，同时分别放入浓度相同且足量的稀盐酸中，反应生成H_2的质量与反应时间的关系如右图所示（已知：A、B、C在生成物中均为+2价）。根据图中所提供的信息，你能得出的结论（写两点）：

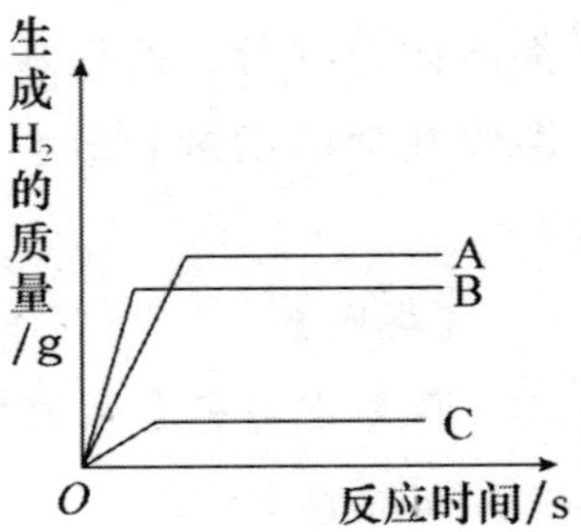

（1）________________

（2）________________

2. 请参与某化学小组进行研究性学习的过程，并协助完成相关任务：

[提出问题] 不同金属与酸反应的剧烈程度不同。同学们选择“金属与酸反应生成氢气的反应剧烈程度与什么因素有关”的课题进行探究，以下是他们探究的主要过程：

[假设一] 相同条件下，不同金属与酸反应生成氢气的反应剧烈程

度与金属活动性有关。

[实验方案] 常温下，取相同大小的镁片和铁片，各加入足量相同浓度、相同体积的盐酸溶液。

[实验记录] 镁片与盐酸反应更为剧烈。

[结论] 相同条件下，不同金属与酸反应生成氢气的反应剧烈程度与金属活动性有关，通常活动性较强的金属与酸反应更剧烈。

金属与酸反应生成氢气的反应剧烈程度还与哪些因素有关？请你帮助他们继续探究。

[假设二] ____。

[实验方案] ______________________________________。

[结论] ____。

2. 科学合理地确定作业总量

在初三，参加中考的科目有七门学科，还有美术、音乐、信息技术等课程。学生学习时，所有的学科都要学，每个学科都要布置作业（除美术、音乐、信息技术偶尔布置作业外），因此布置作业的量一定要适中。将作业的量控制在适当的范围内，一般新课的作业不超过二十分钟，复习课的作业不超过半小时，同时要求学生在做作业前，要适当复习相关的内容，有必要时还可以在课堂上完成作业。不宜用“题海”来压得学生透不过气，如果作业量过大，花费时间多，学生很容易疲劳，产生厌恶感，有些学生就会放弃不做或者为了应付教师而抄作业，不能保证作业的质量，影响到学习的效果。

3. 恰当选择作业类型

作业的类型就其表现形式可分为口头作业、书面作业和调查研究报告作业；就其完成的时间可分为课内作业、课外作业；就其完成作业的地点可分为校内作业和校外作业。口头作业包括：学生需要记忆的内容，如化合价、化学方程式、物质的性质等；自主复习；自主查看、反思、小结错题等。书面作业包括：新课教材课后的作业或教师自行设计的作业；教辅作业；实验报告等。调查研究报告作业包括：教材课后的调查研究报告；教师自主布置的查找资料及调查研究报告。恰当选择作业类型要依据教学的内容、学生的学情及本地区的教育资源而定。一般新课后，要布置学生及时复习相关的内容，书面作业以课本为主，注重基础，难度不宜过大，可适当布置分层作业。

【案例】

讲完氧气的制取后，可布置以下作业：

结合下列图示装置，回答有关问题？

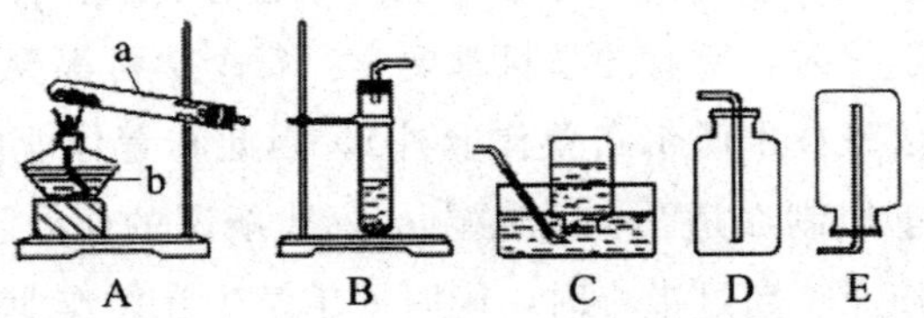

（1）写出编号所指仪器的名称：a ______________；b ______________。

（2）实验室中，用加热高锰酸钾的方法制取氧气，发生装置可选用__________；收集装置可选用__________。（填标号）反应的化学符号表达式为______________________。

若用过氧化氢溶液和二氧化锰制取氧气，则实验装置可选用__________；（填标号）反应的化学符号表达式为______________________。

（3）一氧化氮气体难溶于水，在空气中容易发生下列反应 $2NO+O_2= 2NO_2$，则收集一氧化氮气体时不能用的装置是________（填标号）。

（4）氢气是最清洁的燃料，它的密度比空气小，难溶于水，实验室常用锌粒与稀硫酸反应来制得。实验室制取氢气的实验装置可选用________。（填标号）如用右图装置收集该氢气，气体由________端（填“A”或“B”）导入。

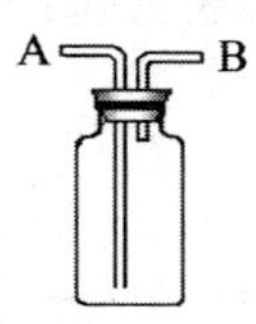

第（1）、（2）、（3）问可作为全班的必做作业，第（4）问可作为选做作业。

根据新课的内容和本地区的情况，利用假期时间，可布置学生查找相关的资料或调查研究。如在完成《我们周围的空气》和《自然界的水》的教学后，利用“十一”放长假布置学生调查了解海口市空气或水资源的污染情况，并就此提出相关的建议，来保护空气或水资源，增强学生的社会责任感，提高学生的调查研究的能力。

（二）作业批改

1. 全面熟悉批改内容

教师对布置的作业要熟悉，从作业的内容、解题的思路与方法、学生做作业可能存在的问题等都要有一个清晰的认识。对于一般的课后作

业或教辅作业，教师容易熟悉作业的内容，但对于一些查找资料或调查报告类的作业教师未必熟悉，因此在布置作业前或后，教师要通过多种途径了解、熟悉相关的内容，批改、讲评起来才具有针对性和准确性，说服力强，易于调动学生的积极性，更好地完成下次布置的作业。

2. 正确掌握批改原则

批改作业的原则有及时性原则、规范性原则、教育性原则、启发性原则，教师在批改作业时，应该正确、灵活使用以上原则。

（1）及时性原则。教学效果的及时反馈对教学的成功至关重要。因此，要及时布置、批改、讲评作业。当天收上来的作业，当天或第二天要批改完，及时了解学生掌握知识的情况，查找学生错漏知识的根源，及时讲评，补漏补缺，并要求学生订正，教师的复查要及时跟上，不让学生的问题形成积累，为后面的学习打好基础。

（2）规范性原则。教师批改作业时，书写要工整，标注清晰规范，格式正确，批语准确，简单明了。通过教师规范性批改作业，才能引导学生认真完成作业，解题规范，思维严谨，避免由于粗心大意、潦草马虎、不规范解题导致的错误。

（3）教育性原则。通过批改作业，对作业态度认真、完成质量好或进步大的学生要及时鼓励表扬；作业中的新颖解法，特别是有创造性的、与众不同的解法可让该生向全班同学介绍，使该生有成就感，同时鼓励和培养学生的探究创新精神；对作业不认真完成和抄袭作业的学生，要批评，并采取相对应的惩罚措施，杜绝此类现象的发生；对粗心大意、经常出错的学生，必要时可把作业退回学生，要求认真重做、正确后再交上来；对作业中表现出来的不良学习习惯、思维习惯应设法予以矫正。总之，要通过作业的批改培养学生实事求是、独立思考、严格认真、有错必纠的精神，促进学生在认知、情感、意志各方面的健全发展。

（4）启发性原则。在批改作业时，要审视学生的思维过程，发现学生思维中存在的问题，引导启发学生开拓思路、深入思考，发展思维能力。

3. 灵活选用批改方式

作业的批改方式有多种，可以教师批改，学生批改，学生批改又可分学生交换批改、学生自己批改。根据作业的内容和学生的实际情况，可采取灵活多样的方式批改作业。

（1）教师批改。教师批改中又有全改与部分改、详改与略改等方式。教师可根据具体情况来选择，不必每次每本都详改。对于一些核心内容及特别要注重解题格式的，教师可全改、详细批改，如根据化学方程式的计算、溶质质量分数的计算等，以便了解每个学生解题的情况，重点讲评存在的问题，避免下次出现同样的错误。对一般的教辅作业，可按优、中、差三个等级进行抽改，再集体讲评，学生订正；对优生可建立作业“免做”制及“免批”制，对后进生可实行作业“面批”制和“跟踪”制，及时指出作业中存在的问题和讲解解题的思路、方法，落实检查作业完成及订正的情况，提高作业的实效。

（2）互改。互改是指学生互相批改作业。在公布作业的解题思路、方法、可能出现的错误及正确答案后，可让学生互相批改作业，学生以自己的理解和眼光分析同学的解题方法和错误原因，然后与自己的对照，比较自己的作业和同学的作业的差异，取长补短，这实际上也是一

个再学习过程，学生的收益肯定不小。

（3）自改。自改是学生自己对自己的作业的批改。面对学生的作业，教师只要让学生达到了自我反思、自我评价的目的，也就达到了完成作业的目的。因此在讲解作业的解题过程及答案后，有些作业可以先让学生自己批改，标注错误及分析错误的原因，订正解题的过程，打上等级分数。教师再收上来查阅，重点可放在对错误的批注、原因的分析、自评等级的修改上。这样，学生是自己作业的首位批改者，教师是二度评判与点拨者。当学生的自批获得老师的肯定时，他的自信心将得到进一步的增强；当学生发现自批与教师的批改有出入时，便能产生心理反差，促进反思与理解，从而将批改变为自主参与、自我反省、自我教育、自我发展过程。

作业批改的方式多样，教师可以交错选用，能提高作业的批改效率，起到作业教学应有的作用，还可以使教师从繁重的作业批改负担中解脱出来，从事更有效的教学研究工作。总之，让学生全员参与作业批改过程，变教师批改为学生互批或自批，使自批、互批、师批相得益彰，立足于发展学生智力，培养学生的能力。

四、辅导

辅导，作为教学组成的一个不可缺少的重要环节出现，是提高教学质量和学生学习效率的保证，是解决统一教学与学生个性差异矛盾的主要措施之一。辅导，以其特有的形式，帮助和指导学生解决疑惑和不解，学生的疑虑得到了解答，学生的认知就会得到提高。

（一）辅导的内容和原则

1. 辅导的内容

辅导，就其本意来说，是指帮助和指导。不同的人对辅导有不同的理解，比如教育学家克拉伦斯（Clarence）认为辅导是一种方法，用以帮助学生了解并利用教育的、职业的和个人发展的机会，同时用以帮助学生对学习和人生作满意的调适。又比如皮特斯（Peters）和法威尔（Farwell）认为，辅导是一种教育计划，包括帮助每个学生了解自己，承认自己和获得在社会中有效生活的经验[①]。具体到教学上来说，辅导

①汤福球、张儒辉．教育辅导简论［J］．教师教育研究，2004（9）

指教师对个别、部分或全体的学生，就其学习态度、学习心理、学习内容和学习方法等方面进行指导和帮助，激发学生的学习兴趣，提高学习效率，从而提高教学质量。

从辅导的定义看，我们在开展辅导工作时，应注意围绕以下几个方面的内容：

(1) 学习态度辅导。学习态度辅导的核心内容是解决学生“为什么要学”、“能不能学”的问题。首先要帮助学生明确学习目的，端正学习态度，自觉主动地进行学习，增强克服学习困难的信心和决心。教师可以通过讲授式、谈心式、故事式等方法，让学生意识到在未来社会里要生存、要做一个有益于国家和人民的人，就必须学会本领，培养能力，增强学习的紧迫感及认识到学习的重要性。

(2) 学习心理辅导。学习心理辅导主要是帮助学生解决“能不能学”的问题。学习是否能够取得好的效果，包括了智力因素和非智力因素，让学生认识到这两个因素在学习过程中的作用，激发学生的学习兴趣和求知欲望，磨炼学习毅力和耐心，培养艰苦奋斗和开拓进取精神。在辅导过程中可以通过激励式、谈心式、实践式等方法，让学生感受到成功的喜悦，及时疏通和开导学生在学习中产生的心理压力和内心矛盾。

(3) 学习内容辅导。学习内容辅导主要是帮助学生解决在学习过程当中未真正掌握的或者是不理解的内容。第一，帮助学生突破重点、难点的障碍；第二，帮助学生建立由点到线、由线到面的科学知识网络。在辅导中可以运用补课式、答疑式、补讲式等方法，要求教师在日常的教学工作中及时解决学生的困惑，使学生保持强烈的求知欲望和高昂的学生动力。

(4) 学习方法辅导。学习方法辅导的核心内容是解决学生“会不会学”、“如何去学”的问题。一般包括：①常规学习的辅导，主要有如何进行预习、听课、做笔记、复习等等；②知识巩固和运用的辅导，主要是指导学生怎样去记忆、理解、强化知识，并且把知识内化到自己的知识体系中去，还有就是如何运用所学知识去解决问题。这里可以运用方法式、培优式、竞赛式等方法，以此帮助学生掌握科学有效的学习方法，养成良好的学习习惯，让学生在掌握科学有效的学习方法中体验学习的乐趣。

总之，辅导作为教学工作的一个有机组成部分，是课堂教学的重要补充；辅导是贯彻因材施教原则的最佳措施；辅导是提高教学质量的重要保证；辅导是增进师生感情的有效载体；辅导是培养学生良好思想品德的重要方式，对提高教学质量有着特别的作用，是教师义不容辞的职责。

2. 辅导的原则

辅导应始终明确“辅”和“导”的作用，不做代理，做助理。教师在辅导活动中应遵循以下基本原则：

（1）主体性原则。在辅导的过程中，教师必须以学生为主体，教师在这里只是起着一个辅助和引导的作用。教师在辅导过程中要相信学生的主观能动性，注意体现学生的能动作用，在教师的引导下，通过学生的自我思考、师生之间的相互交流或者学生之间的交流讨论，让学生自己寻找答案，这样更有利于学生加深对知识的理解和掌握。

（2）及时性原则。打铁要趁热，当学生遇到困惑和问题时，教师可特事特办，打破常规即时辅导；在学生不能解决问题时，及时组织学生进行探讨，给予适度的辅导。

（3）针对性原则。教师应对不同的学生进行全面的观察，对于不同

的学生应该有不同的辅导计划，辅导的内容和辅导的方法，千万不要进行授课式的辅导。例如针对基础弱的学生可以进行概念、原理知识的辅导；针对不想学化学的学生可以进行学习兴趣的辅导和学习方法的辅导，让学生提高学习的积极性和主动性。

(4) 共进性原则。在辅导活动中，教师是学生的合作伙伴，是平等者中的首席，教师应该与学生平等地展开思想交流和情感交流，共同学习、共同进步，而不应该是纯粹的讲授者和答疑者。其意义在于这种学习精神对学生的潜移默化的作用。教师应成为学生学习中的伙伴，生活中的良师益友。

(二) 辅导方式的选用

辅导是课堂教学的补充和延伸，为了达到加强和深化教学效果的目的，辅导要采取行之有效的方式。针对不同的学生，面对不同的问题，所选用的辅导方式也不相同。从化学这门学科的特点和学生对知识的掌握程度来看，辅导可以分为集体性辅导、部分性辅导、个别性辅导三大类。

1. 集体性辅导

集体性辅导指的就是，教师对已教过但学生并未完全掌握的理论知识进行再学习和再认识的过程。所要辅导的内容是全班共性的问题。

根据辅导的内容不同，可以采用不同的辅导方式，具体如下：

(1) 补讲式辅导。教师在课堂对某些重点问题或难点问题没有讲清、讲透，或者学生没引起足够的注意或没有掌握好，那教师就要对这些问题进行补讲式辅导。所要辅导的内容，一般是全班共性的问题。这些问题的发现和提出大都源于教师的课后回忆反思、作业批改和考试的试卷分析及教师巡回辅导。

【案例】

比如在电解质这一课时中，很多学生对电解质这一陌生的概念不是很了解，这个时候就有必要对学生进行补讲性的辅导，深入地剖析概念里的每一个字的含义，并且配合一些例子进行讲解。课本上是这么给电解质下定义的“在水溶液里或熔融状态下能够导电的化合物叫做电解质”，在讲这个概念的时候必须明确以下几点：

①核心，电解质是一种化合物（纯净物），不是单质，也不是混合物；

②条件，就是要能够导电化合物；

③状态，在水溶液里或熔融状态下。

电解质之所以能够导电是因为在水溶液或者在熔融状态下能够电离出来能够自由移动的离子，如果把一种化合物（如 SO_2）溶于水之后，该水溶液也能够导电，但是由于不是 SO_2 本身发生电离，而是 SO_2 与水反应生成 H_2SO_3，H_2SO_3 在水溶液中电离出来了自由移动的离子，故不能说 SO_2 是电解质。

这样一来，学生对电解质这一概念就有了深刻的了解。

(2) 方法式辅导。教师针对学生的思维方法、学习方法或解题方法上的缺陷或错误，进行方法上的传授、训练和指导，这需要教师在平时的批改作业以及与学生的交流中发现大多数学生普遍存在的情况之后，以模块或者专题的形式进行。

【案例】关系式解题法专题

关系式是表示两种或多种物质之间物质的量关系的一种简化的式子，在多步反应中，它可以把始态的反应物与终态的生成物之间的物质的量的关系表示出来，把多步计算化成一步计算完成，正确书写关系式是用比例解化学计算的前提，正确提取关系式是用关系式法解题的关键。

1. 原子守恒解题法：参加化学反应的物质的原子，在反应前后必守恒，故可以根据原子守恒确立关系式。

例题：将 124 克碱石灰制成溶液后，加入 137 克 Na_2CO_3 和 $NaHCO_3$，反应后得到沉淀 150 克，经测定，反应后的溶液中不含有 Ca^{2+} 、CO_3^{2-} 和 HCO_3^-，求①CaO 和 NaOH 各多少克？② Na_2CO_3 和 $NaHCO_3$ 各多少克？

解析 根据题意 CaO 和 Na_2CO_3、$NaHCO_3$ 均全部转化为 $CaCO_3$ 沉淀，根据 Ca 原子和 C 原子两种原子的守恒关系，便可以列出关系式：

$CaO \sim Ca(OH)_2 \sim CaCO_3 \sim (Na_2CO_3 + NaHCO_3)$

简化为 $CaO \sim CaCO_3 \sim (Na_2CO_3 + NaHCO_3)$

56g　100g　　1mol

x　　150g　　y

解得 x= 84g, y= 1. 5mol　m（NaOH） = 40g

2. 电子得失守恒关系式：在氧化还原反应中，得电子总数等于失电子总数，据此可以建立起关系式。直接写出已知量、未知量，根据两个量在反应中得失电子数相等可得出关系式。

例题：0. 2mol$X_2O_7^{2-}$ 在酸性溶液中恰好把 0. 6molSO_3^{2-} 全部氧化为 SO_4^{2-} ，反应后，X 元素的化合价为多少？

解析　设反应后 X 的化合价为 n 价，则

$X_2O_7^{2-} \rightarrow 2X^{n+}$

0.2mol 0.4mol 得电子总数为0.4（6－n）mol e^-

$SO_3^{2-} \rightarrow SO_4^{2-}$

0.6mol 0.6mol 失电子总数为0.6×2mol e^-

0.4（6－n）＝ 0.6×2 n＝3

所以反应后，X的化合价为＋3。

（3）讲评式辅导。教师针对学生作业或考试答卷中的问题归类分析，进行讲评。讲评中肯定成绩，指出普遍问题、某种不良倾向和苗头，指出今后的学习方向和注意事项。

补讲式辅导、方法式辅导和讲评式辅导，每星期在计划课时内，一定要安排一节辅导课课型（或称习题课），使这种集体辅导在时间上得到保证。

2. 部分性辅导

对于部分辅导，要做两方面的工作。一是对辅导对象的确定，二是对辅导内容的选择。确定辅导对象，教师要从教学活动的各个方面对学生进行考查，要从作业本上和考试卷上，看哪些学生哪部分知识有缺欠；要从缺课登记表中查明谁缺了哪些课。在内容的选择上，要经过诊断，找出问题所在；要符合学生的实际，循序渐进，不能操之过急、要求过高；要抓准关键知识，不能胡子眉毛一把抓。针对对象的不同选用的辅导方式也不同，一般如下：

（1）补课式辅导。教师针对某些学生缺某些课或某些基础知识较薄弱的情况要进行定时间、定地点、定学生、定内容的补课，这就是补课性辅导。

例如，在上到《化学计量在实验中的应用》这一节课的时候，有一

部分的同学对物质的量、阿伏加德罗常数、摩尔、摩尔质量、气体摩尔体积、物质的量浓度这几组概念不是很理解，甚至混淆使用，这个时候就可以利用下午或者晚上的时间在教室或者办公室对他们进行补课式辅导，理清概念，并且配以一定量的习题，加深理解。

（2）培优式辅导。是对学有余力的学生进行的加深辅导，教师可以根据情况对这部分学生多讲一些内容，让他们做一些难度较大的习题，师生可以共同探讨一些知识的规律性，帮助他们更系统更深入地掌握所学知识、技能。教师对这部分学生可以鼓励，但鼓励不一定只是表扬，对他们严格要求，不断指明方向，也是一种鼓励。要防止他们骄傲情绪的产生，使他们不断进步，成为学习带头人和尖子生。

【案例】

在上到高一必修二《化学反应速率和限度》这一节的时候，对于那些学有余力的学生，在化学反应速率的计算这部分可以加深，具体给他们介绍“三段式”计算的方法，在化学反应限度里面，提前给他们讲解勒夏特列原理，这样一来，学生的学习积极性更高，他们在面对课外练习时更加游刃有余。

（3）竞赛式辅导。这是指对有兴趣和特长的学生，组成学科课外活动小组，进行有组织的定时间、定地点、定人员的活动。教师进行有目的有系统的辅导或讲座，扩大学生的视野，激发学生的求知欲，进一步培养和发挥学生爱好和特长，培养化学学科的拔尖人才。

【案例】

在讲“化学方程式的配平”时，教给学生用“化合价升降法”来配平等。注意将化学知识与现代科技发展及社会生产实际相联系，比如飘尘在空气酸度增加时所起的作用；温室效应；牙膏抗酸作用；海水中提取镁的相关知识等。通过这些知识的学习，可开阔学生的思维，使他们站在较高的起点俯瞰化学知识。并且在平时的辅导中注意对学生的类比推理、归纳推理、逆向推理等思维的培养。

3. 个别性辅导

如何对个别学生展开辅导，可能是学生主动要求，当然更多的时候需要教师在平时的工作中注意观察和分析，发现问题后及时进行辅导，这种情况下的辅导一般要求比较高，因为面对的学生比较特殊。根据这样的情况，采用的辅导方式有：

（1）答疑式辅导，学生主动要求老师，或教师根据学生对疑难问题的发问，进行答疑。当然教师也可根据自己掌握的学生的情况，在辅导时间里有的放矢地主动提问和主动答疑。这一般在自习课时进行，因此，也可称为自习辅导。

（2）谈心式辅导，是教师根据自己掌握的情况，有针对性地对某个学生进行交流。一般是为了帮助学生解决学习上的困惑，包括学习态度、学习兴趣、学习动机等等的辅导。学生是否能够转变或者有质的飞跃，不但要求教师必须讲究方法策略，更要看老师是否有耐心和恒心，因为辅导这样的学生不是短时间内就能达到目的的。

【案例】

对于对化学学习缺乏主动性和积极性的学生，教师可以充满热情、自豪、激昂地介绍我国化学发展史上极其辉煌的业绩。冶金、陶瓷、火

药造纸、酿造等都是世界上发明和应用得比较早的；讲述诺贝尔、居里夫人等著名化学家的故事，让学生从中端正学习态度，认识化学的重要性。在平时的课堂教学中，有意识地让该学生回答一些他力所能及的问题，体验成功的喜悦，激发学习的兴趣。这样一来，久而久之，学生就对学习化学产生浓厚的学习兴趣和强烈的求知欲望。

可以说只要师生在交流就是在进行着辅导，辅导可以利用一切可以利用的时间，随时对学生进行辅导。有时可以只指出学生学习上的某些缺陷，给学生指明方向，让学生自己有目的地加强某些方面的学习。辅导对于全面提高教学质量的作用是非常大的。除上面提到的几种形式外，一切行之有效的辅导形式都值得提倡。例如，教师帮助学生建立学习小组，学生之间开展互帮互学，相互辅导；定期召开家长座谈会，有目的地家访，以期末考试成绩通知单通报学生的学习情况，促进家庭辅导的开展等。

（三）明确辅导要求

辅导作为教学过程的一个阶段或环节，是十分必要的。可是，长期以来，对这个问题的理论研究是比较贫乏的。相当数量的教师对这项工作虽有一定的实践经验，但认识却还是肤浅的，甚至有的教师还认为这是额外负担，所谓“师傅领进门，修行在个人”就表达了这种思想。因此，认识要提高，实践要总结，经验要规范。下面就辅导的几个方面提出要求，以示强调。

1. 重视辅导作用

化学是一门研究物质的组成、结构、性质、变化及其规律的自然科学。化学这门学科有着大量枯燥的记忆性内容，更有众多灵活有趣的理性知识和引人深思的各类实验。通过一堂课的教学，学生不可能把这堂课的内容掌握完，更不能在具体的实践当中形成分析问题和解决问题的能力，而课后的辅导能够帮助学生更好地消化、理解所学的内容和补漏，并且能够培养学生分析问题和解决问题的能力。要教会学生在记忆中理解、在理解中记忆，由表及里、由点带面，万千变化，规律永在。因此化学科的教学辅导更为重要。

2. 端正辅导态度

教师对辅导的态度，很大程度上是教师对学生的态度问题。教师对学生的态度应该是爱护、鼓励和教育。表现在辅导上，就是积极主动发现自己教学中的问题和学生学习中的疑难问题，热情回答学生提出的问题。决不可对学生采取授课式辅导、答题式辅导、拒绝式辅导或批评式辅导，在辅导时要有针对性、启发性、耐心性和鼓励性，力求每一次辅导都能让学生有所收获，对化学都有新的认识。

3. 明确辅导的内容和对象

辅导也是一门艺术，不能盲目地对学生进行辅导。要使辅导的工作达到更好的教学效果，首先要全面地了解学生的具体情况，这就要求教

师在课后的反思、作业的批改、学生课后的提问、平时与学生交流中，把所发现的这些问题收集起来，不断研究解决的办法，明确哪些学生需要进行哪些内容的辅导，这样才能达到“对症下药”、“药到病除”的效果，这就是积累经验的过程，教学的有心人都应这么办。

4. 科学运用辅导方法

在明确了辅导的内容和对象之后，就是要选用科学的方法。例如对于化学基础不是很牢固的学生，可以进行部分的或者个别的辅导。如果在班级上进行概念、公式和方程式的讲解，就会影响其他学生的学习。如果是对于课堂上学生都不是很理解或者是一知半解的重点难点知识进行辅导，就可以进行全班性的辅导。所以，科学地运用辅导的方法能让辅导的质量达到事半功倍的效果。

五、教学评价

教学评价是根据国家的教育方针和教学这种特殊的教育过程，利用各种可能的评价技术对教学目标、教学活动的过程、教学结果（显性的和隐性的）和相关的各种影响因素进行客观衡量和科学评判的一个价值判断过程。化学教学评价是依据化学教学目标和教学标准，对化学教学的过程、结果、相关因素所作出判断和描述，促进教师不断提高教学水平。

（一）教学评价目的和类型

1. 化学教学评价的目的

《基础教育课程改革纲要（试行）》指出“建立促进教师不断提高的评价体系。强调教师对自己教学行为的分析与反思，建立以教师自评为主，校长、教师、学生、家长共同参与的评价制度，使教师从多种渠道获得信息，不断提高教学水平”。进行教学评价的主要目的在于：

（1）教学评价是教师改进教学的依据，能促进教师个人的发展。教学评价就像面镜子，能让教师在对照中解剖自己，发现自己的优势与不足，促使教师在今后的教学过程中不断完善和发展自己。

（2）教学评价能加强教师之间的交流，促进教师群体的发展。由于实施教学评价的参与者具有多人数、多层次和多视角的特点，它能使参与者在交流过程中充分发现教学过程中的亮点和不足，使参与者在交流中都能得到不同程度的收获和提高，从而达到促进教师群体的发展。

（3）能全面促进学生的发展。通过对学生的学习行为和学习成果进行评价，可以让学生了解自己学习过程中方法的优劣和学习效率的高低，为学生今后提高学习效率、改进学习方法和学习策略提供依据。能达到促进学生学习方式由被动接受到主动求知的改变，是促进学生发展的有效手段。

（4）能促进学校教学质量的提高和学校的发展。教学评价提供教学活动和管理的相关反馈信息，使教学的管理者通过反馈信息有效完善教与学的管理。并且能为教学管理人员，对教学决策提供一个较为客观、相对合理的依据，是学校进行科学的教学管理、提高教学质量和促进学校发展的一种必不可少的手段。

（5）教学评价还是制定符合素质教育要求的教学目标和标准的基础。

2. 化学教学评价的类型

化学教学评价的内容主要包括化学教师教学行为的评价、学生学习行为的评价和化学教学效果评价。在不同的教学阶段，对不同的教学评价内容，基于不同的目的，教学评价有不同的标准，因此，化学教学评价有不同的分类方法和评价类型。常见的有：

（1）根据评价的使用目的不同，把评价分为形成性评价、诊断性评价和总结性评价。

（2）根据评价主体的不同，把评价分为内部评价（自我评价）与外部评价（他评）。

（3）根据评价所采用的标准不同，把评价分为相对评价、绝对评价与个体的差异评价。

（4）根据评价的分析方法和结果的表述方式的不同，把评价分为定量评价和定性评价。定性评价是对评价内容进行的“质性”分析评判的过程。定量评价则是对评价内容进行“量化”的分析等评判过程。

（5）将教学评价的目的、功能和时间三者的不同结合起来划分，主要分为定位性评价、形成性评价、诊断性评价和总结性评价四种最常见的基本类型。①定位性评价：定位性评价又称安置性或预备性评价。主要在特定的教学活动之前进行评价，对教师和学生是否已掌握了完成教学活动所必须具有的知识水平、教和学的能力进行判断。②形成性评价又称过程评价和进行性评价。是在教学过程中进行的对教学活动所做出的价值判断。目的是对教师某一教学能力的形成和学生某一知识的掌握程度的评判，不是给被评价者评定成绩或做证明，因些，在进行形成性评价时不评定等级，只找出不足的原因和所犯错误的类型。③诊断性评价主要是对教师和学生的行为是否有利于教学目标的达成的评价，它的评价重点是对教师和学生在教学活动过程中所犯的错误进行深层次的分析。对教师来讲诊断性评价是为了分析教师教学效果不理想的原因。对学生来说是为了找出学生某些知识学习困难的内部和外部影响因素。④总结性评价也称为终结评价或结果评价。它是对某一相对完整的教学活动结束后，对整个活动的教学目标实现的程度做出价值判断的评价。主要目的是为了给一定时期内对教师的教学工作成果和学生的学习成果进行判断，对已经完成的教学活动给出一个较全面的结论。

总之，教学评价是整个教学工作的一个重要的必不可少的组成部分，它不仅体现在对教师与学生的评价上，还体现在对具体的教学过

程、教学设计、教学手段、教学方法、教学内容等的评价，而且还涉及对教学活动过程和教学效果紧密相关的化学教学管理、实验室建设、学校的化学办学水平等情况的评价。

（二） 客观、全面进行化学教学评价

教学评价的最终目的是为了“每一位学生健康、全面的发展”。要客观、全面地进行化学教学评价，教学评价必须在关注学生化学知识增长，关注学生知识获得的过程和方法，关注学生在化学学习中情感、态度和价值的发展变化的同时，还要关注学生实验操作技能和科学探究的实践能力的提高和发展。我们既要关注学生的化学知识水平和道德修养，又要关注学生科学探究的实践能力，这才是关注学生发展的全部。

1. 化学教学评价的主要内容和特点

教学评价的内容十分广泛，从广义上讲，教学活动的范围也就是教学评价内容的范围。在实际的教学评价过程中，人们往往根据不同的需要，在不同的范围内进行教学评价。通常我们将教学评价的内容分为教学结果评价、教师的教学行为评价、学生的学习行为评价这三个方面。评价的目的决定了评价的内容，对于不同的需要，评价的内容可以更加细化和具体，评价的内容的分类也可以有所不同。但要进行客观、全面的教学评价必须关注教学评价的以下几个特点。

（1）多元性。多元性主要体现在教学评价的主体、内容和方法上。实施教学评价的主体可以是教师自己、同行或专家、各级评价团体，还

可以是学生及其家长，即评价主体具有多元性。评价要从师生在各个不同方面的努力、取得的成果和发展来进行教学评价，即评价内容具有多元性。教学评价可采用问卷调查、考试测评、谈话交流、录像分析等方式进行，评价方法同样具有多元性。

（2）整体性。我们的教育方针是要培养德、智、体、美、劳全面发展的人才，通过教学评价来发现每一个学生的闪光点和不足，使教学能扬其长、避其短，让每一个学生的整体素质得到全面和谐的发展，即要对学生个体发展进行整体性评价。教学评价的最终目的就是为了培养出符合社会发展需要的综合性人才。

（3）过程性。新课程倡导“知识与技能、过程与方法、情感态度和价值观”这三个维度目标的实现，强调教学不仅是让学生获得知识，同时还应学会学习。因此，教学评价应关注老师传授知识和学生获得知识的整个动态过程，评价贯穿于教学活动的始终，而不仅仅是教学活动的结果，这就是教学评价范围的过程性。会学习是一个人多种智力因素和多种心理机制参与的一种综合能力的表现。学习能力是一个人可持续发展的重要标志，是知识经济时代终身教育的必然要求。教师和学生在教学活动过程中自觉地不断地进行自我评价，就是自我评价的过程性。过程中的自我评价能充分发挥评价对教学的诊断作用，有利于及时调整教与学的方法和策略。

2. 教学评价的原则

实施化学教学评价过程中正确处理各种因素的关系，是客观、全面顺利地进行化学教学评价的关键，因此，在对师生进行化学教学评价时，还应注意贯彻以下几个基本原则：

(1) 目的性原则。目的性原则是指教学评价必须在特定的评价目的的指导下去实施。教学评价的标准、方法、步骤都应根据评价目的来确定。要落实好目的性原则，首先评价的目的要正确，评价目的的设计其高低层次要合理，切合教学的实际。其次是评价的目的必须清晰明确，具有可操作性。

(2) 科学性原则。教学评价要以正确的教育思想和理论为指导，遵循教学的规律、原则及各学科的特点，建立相应的教学评价指标体系，在评价信息搜集、处理上全面、客观、公正。执行好科学性原则，首先要从教与学统一的角度出发，以教学目标为依据，制定出合理统一的科学的评价标准。其次要使用先进的测量手段和统计方法，对获得的各种数据和资料进行科学的处理。最后要对评价标准进行认真的编制、预试、修订和筛选，达到一定的要求后再使用。

(3) 客观性原则。教学评价以客观正确的资料为基础，从评价的标准和方法到评价最终的评价结果，都应符合客观实际，不能主观臆断或渗入个人感情。实施好客观性原则，首先编制评价标准要客观，标准是深入实际的调查研究，广泛征求老师和学生的意见而得来的，能反映教学客观实际。其次应做到评价方法客观性，也就是评价方法能普及推广，不是在特定的条件和情况下才可使用，不存在偶然性。最后应做到评价态度客观性，不带入评价者的感情色彩。

(4) 指导性原则。指导性原则是指在进行教学评价时，不能就事论事，而应该把教学评价的结果上升到一定的理论高度加以认识，实现教学评价结果对教学活动产生指导作用。贯彻好指导性原则，就必须在教学评价的基础上进行指导，也就是以教学评价作为指导的依据。其次指导不仅要及时，而且指导目的要明确。

(5) 发展性原则。发展性原则是指在进行教学评价时，要关注师生在教与学方面发展的潜能，而不是区分师生的优劣。要体现发展性原则，教学评价就不能将教师和学生进行优劣等级评定，更不能将它与教师和学生的奖惩的相关利益挂钩。

除上述内容之外，教学评价的原则还有导向性（或定向性）原则、整体性原则、可行性原则、开放性原则、激励性原则、个性化原则、可比性原则等。

3. 全面、客观地进行教学评价的策略

实施教学评价有利于教师积极探索科学可行的教学方法，促进教师的成长和教学水平的提高。有利于学生掌握科学的学习方法，提高学习效率，使学生获得全面、和谐、可持续的发展。进行客观、真实、全面的教学评价，应注意以下几个评价策略。

（1）将评价的统一要求和学科具体要求相结合，制定科学合理的评价标准。各科教学有共同的教学理论基础和共同的教学规律，但各科教学有自身的特点，化学学科学习的基本方法是实验，因此实验操作技能和实验探究能力的评价是一个不同于其他学科的重要内容。在制定评价标准和实施细则时则应充分考虑这一特点，并根据它在教学中的特殊作用，确定好它的权重。因此，在基本统一的评价框架和标准的前提下，各学科必须提出具体要求和实施细则，使评价更客观、全面地切合各学科的客观实际。

（2）采取定性与定量评价相结合，充分发挥不同评价模式的互补作用。定性评价是参照一定的评价标准，运用分析和综合、比较和分类、归纳和演绎等逻辑分析方法对评价内容进行“质性”分析评判的过程。定性评价的优点是可以对评价内容进行深入分析。其缺点是评价结果受人为因素影响较大，评价结果往往比较模糊，区分度不好，可比性较

差。定量评价则是参照一定的评价标准，根据评价项目分别评分，从"量化"的角度运用统计分析等数学方法，从众多复杂的数据中分析得出规律性的结论。定量评价具有具体、区分度好的特点，评价结果比较客观，可比性强。其缺点是不能对评价内容进行深入分析。我们将定性评价和定量评价结合起来，能恰当反映教学的实际情况，增强教学评价的科学性和可靠性，提高评价结果的直观性和可操作性。

（3）将自评与他评相结合，建立多元的教学评价模式。他评在中学课堂教学评价中有其独特的优点：可以使教师从不同的渠道获得更为广泛、全面、来自不同视角的多方面的意见，使教学评价有更强的针对性和全面性。因此，他评在中学课堂教学评价中有着重要的作用。然而，评价者却很难全面了解被评价者的行为设计意图、学校的仪器设备情况、师生教和学的特点与风格，班级学习氛围等等，因而自评更具有不可替代性。具体表现在：自我评价结果具有更高的客观性、真实性和有效性，有利于评价标准的内化及形成被评者改进教与学的内在动力。但在自我评价过程中，也常出现一些自我评价的结果过高或过低的偏差现象。因此，将自评与他评相结合的方法，有利于保证评价的客观、公正和全面，提高评价结果的客观性、可信性和有效性，发挥评价的激励作用和诊断功能。

（4）利用个人成长记录袋，实施跟踪评价。仅仅靠某一次教和学的活动所获得的信息进行评价，往往具有一定局限性和偶然性，难免有失公正，甚至出现错误的评价。通过师生的个人成长记录袋，对某一评价对象进行有目的、定时或不定时地隔一段时间进行的有连续性教与学的评价，就可以比较客观、全面了解师生在教和学的过程中作出的各种努力，全面了解他们取得的成绩和发展进步的全过程，从而有利于作出全面、客观和科学的总结性评价。

4. 实施化学教学评价的一般程序

实施教学评价一般有准备、实施和反馈应用三个阶段。

（1）准备阶段。教学评价各项准备工作是教学评价能否顺利进行的前提和条件，准备阶段的工作质量将直接影响教学评价的质量。准备阶段的主要任务是以化学教学的目标为依据，确定教学评价目的；编制建立相应的教学评价的指标体系（范例见附表）。

（2）实施阶段。首先要采用一切有效的、合理可行的方法充分搜集评价所需的信息。其次应选择与运用恰当的分析技术，对收集到的原始资料、数据等信息进行科学的分析处理，保留有效信息，剔除无效信息，使信息客观、真实和准确，能反映评价对象的本质特征。最后，按照一定的评价标准对所搜集的各种信息进行综合判断，对被评价者所取得的成果和所存在的问题做出实事求是的、准确的、客观的、定量或定性的、综合性的评价结论。

（3）反馈利用阶段。把评价结果报告被评价对象或上级主管部门。使评价对象利用评价结果指导、改进以后教或学；为教育管理者或机构提供教学工作的指导、决策提供依据；为以后的教学评价提供参考的资料。

（三）依据教学评价结果改进教学工作

教学评价是在系统收集各种教学信息、资料和证据的基础上，对教学活动的内在（本身固有的）和外在（满足人们需要的程度）的价值做出判断，进而推动教学活动不断改进的一种价值判断过程。其主要功能有以下几个方面：

1. 导向功能

教学评价标准是在一定的教学理论指导下编制成的，进行教学评价时，符合评价标准的教与学的行为会得到肯定，相反则会得到质疑和否定。因此，教学评价结果在客观上能引导被评价者在今后的教与学目标的确定、教和学行为的选择、教与学的组织形式等方面自觉地用评价标准来衡量，达到引导被评价者按正确的教学理论和评价标准来改进优化教与学活动的目的。

2. 诊断功能

教学评价对教学结果及成因的分析，为调整教学策略，改进教学措施，针对性地解决教学中存在的各种问题提供了依据。通过教学评价，师生可以了解自己的活动状况和存在的问题，发现造成学生学习困难的内在和外在原因，帮助师生调整教学目标、方法和策略。

3. 反馈功能

评价使教学形成一个“由教学获得评价，又用评价指导教学”的动态优化过程，师生通过评价所得到的反馈信息，知道教和学的结果及其成因，从而采取相应措施，改进教和学的活动，使得教和学的活动更加科学、合理。使教学在“教学——评价——反馈——优化”的过程中得到不断完善。

4. 调控功能

教学评价结果的反馈可以使教师和学生及时知道自己教学和学习的情况，教师能根据它修订教学计划、改进教学方法、完善对学生的学习指导；学生能根据它改变学习策略、改进学习方法。教学管理者或管理部门能根据教学评价完善管理机制，作出正确的教学决策。使教学过程成为一个能随时根据教学评价的反馈信息来调节的可控系统。

（四） 研究性学习评价

研究性学习就是在教学过程中创设一种类似科学研究的情境或途径，让学生在教师指导下，用类似科学研究的方法，应用已有的知识去解决问题，从而获取新知识，提高解决问题的能力和提升整体素质的过程。

1. 研究性学习的意义

研究性学习充分体现了“以学生全面发展为本”的教育思想内涵。“让每个学生都有发展”是研究性学习的最重要的价值特点。在研究性学习过程中，学生通过自己的体验来获得鲜活的知识，能提高学生对知识的理解和领悟能力，使学生能用探索的目光来研究分析新知识，不再盲目地崇拜老师和教科书。研究性学习不但能扩大学生的学习视野、拓展学习的途径，还能培养学生科学的学习态度和独特的创新思维能力。研究性学习能充分发挥学生各自的特长共同完成研究性学习，提供了有

利于人际沟通与合作交往的良好空间，让学生学会交流和分享研究的信息、创意和成果，有助于培养学生的合作精神和责任感。研究性学习使每个学生获得知识和能力发展的同时，又能体验成功的快乐，有利于建立自信。研究性学习在研究性学习过程中，学生始终处于主体地位，教师是学生学习的指导者，也是研究的合作者，因此，它有利于建立平等的师生关系。

2. 研究性学习的特点

（1）开放性。研究性学习可以走出教室、走出校门，从生活、社会、自然中，自主地选择研究课题，利用一切可以利用的时间进行研究，其研究空间和时间具有开放性。研究性学习不局限于课堂教学内容，大多来自于现实社会生活中的事件、现象和情境，研究内容具有开放性。在研究性学习过程中学生可以通过查找资料、调查研究、实验探索等多种方式和方法进行学习，其研究方式和方法具有开放性。通过研究性学习，不仅使学生的知识得到丰富，而且弥补了课堂教学模式重学科知识传授而轻实践能力培养的缺陷，实践能力和各种思维能力都得到培养。由于某种研究内容的社会性，能培养学生的社会适应能力，因此，研究性学习能培养学生多方面的能力，具有研究能力培养的开放性。

（2）主体性。在研究性学习中，学生从课题的选择、资料的收集分析、报告的撰写答辩、成果的整理展示等，研究的时间、空间和方式方法都可自主确定，整个过程都是学生自己去操作，具有很强的自主性。能更好地发挥学生的创造潜能，使学生真正成为学习的主人，充分体现学生的主体性。

（3）整合性。在解决研究性学习问题时，往往要用到多个学科的知识，加强了各学科知识间的横向联系，有利于消除分科教学所造成的学科知识相互割裂的弊端，实现各学科知识的有效整合。

（4）创造性。由于研究性学习是学生用类似科学研究的方式，是学生主动地去探索、发现和体验的学习过程。研究性学习营造了有利于学生利用已有的知识充分发挥创新潜能氛围，因此，它能培养和提高学生的创造能力。

3. 研究性学习的评价原则

研究性学习的评价原则除了遵循传统评价的科学性、客观性等原则以外，由于研究性学习的不同特点，同时还应遵循其独特的原则，主要有：

（1）发展性原则。研究性学习是学生一个动态的全面发展的过程，每个学生都是一个独立的个体，既有自己的个性又有共性，这些个性和共性是由生理的、社会的、经济的、文化的和环境等许多因素共同决定的。评价要利于促进学生的全面发展，要考虑到学生的过去，重视学生的现在，更重要的是着眼于学生未来的发展，关注学生的每一点进步。这是研究性学习展开评价时必须遵守的根本原则。

（2）激励原则。由于受学生的综合素质和客观条件的限制，化学研究性学习的实际上只能是对中学生开展初步的、非专业的化学学科研究的尝试。学生研究成果不一定具有科学研究的使用价值，评价的主要作用是鼓励学生发挥个性特长、挖掘自身潜力，激发和培养学生勇于探索创新的精神。

（3）主体原则。在研究性学习中，学生始终是研究性学习的主体。

所以，研究性学习评价一定要重视学生的自我评价，加强与学生的对话，广泛征求学生和学习小组成员的意见和建议，注意在评价中发挥学生的主体作用。

(4) 过程原则。化学研究性学习的研究活动的过程比其研究成果更有价值，学生在研究过程中所得到的锻炼以及各种能力的培养将使学生受益终身。因此，研究性学习评价应对研究性学习的全过程进行跟踪式的定性和定量评价。

(5) 开放性原则。研究性学习具有多元开放的特点，有展示学习者个性才能发挥的足够空间，能实现每一个学生不同层次的不同方面的发展，因此，其目标具有多元的开放性。所以，研究性学习的评价强调开放的价值取向和多元评价标准，坚持开放性原则。

4. 研究性学习评价的要素

为了有效实施研究性学习的教学模式，实施研究性学习的教学评价非常重要。而研究性学习评价中标准的确定是一个根本问题，是目标的体现。研究性学习自始至终体现知识与技能、过程和方法、情感态度和价值观这三个目标，因此，研究性学习评价的标准无论从评价的要素和尺度都应从这三方面来建构。研究性学习评价中的主要要素有：

(1) 学习态度。主要通过学生在研究性学习活动过程中的表现来判断。具体表现为是否及时参加每一次研究性学习活动；是否主动提出研究性学习的设想和建议；是否认真做好资料积累和分析处理工作；是否努力地完成自己所承担的任务；是否尊重客观事实等等。

(2) 合作意识和能力。通过学生在研究性学习过程中，在团队或小组里所表现出来的交往能力和协作能力等行为表现来评价。具体表现在：在小组成员之间是否能互相帮助和支持；是否能听取和采纳他人的意见；是否能相互理解、彼此尊重和信任；同学之间是否建立了一种融洽、友爱的亲密伙伴关系。

（3）化学知识。通过对学生在研究性学习中化学知识的接受程度进行评价。具体表现在：对化学现象或化学事实的本质性化学知识的认识情况；对化学变化的基本规律的理解状况；是否形成了有关化学科学的基本观念等。

（4）方法与技能。通过学生在研究性学习活动各个环节中，掌握和运用有关方法、技能的水平进行评价。具体表现为：查阅和筛选资料的能力；对资料归类和统计的效率和效果；分析推理和观察能力；新技术的使用能力；对研究结果的表达与交流能力等。

（5）创新和实践能力的发展。通过对学生研究性学习的活动前后的比较来判断。主要从发现问题、提出问题、分析问题到解决问题的过程中，表现出的创新和实践能力的考察作出发展状态评价判断。

5．研究性学习评价的方法

研究性学习的评价可以采取教师评价与学生的自评、互评相结合，对小组的评价与对组内个人的评价相结合，对书面材料的评价与对学生口头报告、活动、展示的评价相结合，实行定性评价与定量评价相结合、以定性评价为主等做法。

评价者可以是一个教师或教师评价小组，可以是一个学生或学生评价小组，可以是学生的家长，也可以是其他相关的企业、社区或教育部门等，也可以是社会媒体。评价的重点应放在学生在学习态度、合作能力、创新和实践能力这几个方面，但不能忽视学生的个体差异。也就是

同一个评价要素的评价，应注重的是学生在这一方面是否有发展，而不是评价他们是否发展到了同一个水平。

（五） 教师个人成长记录袋

教师个人成长记录袋主要收录教师在教育教学工作过程中，优秀的教育教学的设计、实际教育教学案例、教育教学经验和课题研究成果及教育教学的相关资料。教师成长记录袋反映了教师在为实现教学目标过程中付出的努力与教育教学中取得的成绩与进步。教师个人成长档案袋与教师个人的业务档案有共同的地方，但着重点不同，教师个人成长记录袋重点记录每一位教师自己成长的足迹。成长记录袋的创建过程实现了教师评价将外在评价与教师自我评价、自我反思的结合，实现了由鉴定性向激励性、由终结性向过程性的转变，对教师自我发展具有很好的驱动作用，它正成为促进教师专业发展的一条有效的途径。因此，建立教师个人成长记录袋具有重要的现实意义。

1. 建立老师个人成长记录袋的意义

教师个人成长记录袋的建设能促进学校人力资源管理，有助于实现“让每一位教师充分发展”的管理目标。

（1）教师成长档案袋能捕捉教师的实践智慧，激发教师的潜能，促进老师个体和整体的专业发展。对于教师的实践智慧的挖掘，在欧美主要国家积累了许多有借鉴价值的策略：教学日志、课堂观察、教师专业发展的分层评价、行动研究、传记研究、成长史分析、叙事研究等。这些国家在具体的实践中，把这些方方面面的信息和材料集中归档做成教师成长记录袋。教师成长记录袋能具体直观地反映教师的进步和教师所取得的成绩。教师通过再次查阅记录袋回顾自己成绩的取得历程，产生成功感和自豪感，同时也让教师不断回想取得成绩的过程和方法，从中找到失败的教训和成功的经验，促使教师进行自我反思和向更高层次发展。

在教师个人成长记录袋的展示过程中，通过参观其他教师的个人成长记录袋能分享优秀的教育教学经验，同时有利于找出自己的优势和不足，使教师能正确评价自我，提高教师的自我评估能力，帮助教师找到自己的发展方向。同时也是激发教师寻求发展的动力。教师的教学是将实践、科学和艺术性相统一的一个动态过程，教师在进行个人成长记录袋的建设时，在有意识地把自己有代表性的作品（教案、课件、教学反思、教学论文等）汇集整理的过程中，会促使教师自己潜意识的教育教学理念不断地清晰化、系统化，从而有利于形成自己的教育教学风格。

（2）有利于对教学问题的诊断。教师个人成长记录袋以其翔实、生动和丰富的原生态信息，让指导者充分熟悉他们成长的历程，分析出显性教学问题背后的隐性问题，为对教师教学问题进行诊断和指导提供了重要的依据。在指导者与被指导者之间、教师同伴之间构架起了一个沟通的桥梁和平台。

（3）为管理者进行教育教学决策提供依据。管理者通过教师个人成长记录袋可以全面了解教师在教育教学中产生的经验和存在的问题，了解教师队伍建设优势与不足的现状，从而反思前期工作，为解决问题和制定下一阶段的工作提供决策依据。

（4）有利于实现多元的评价机制。传统的教师评价存在一定的缺陷和消极影响，如评价主体过于单一。评价一般为管理者和专家，明显缺乏来自教师队伍的自我评价和校内外同行的评价，也没有与教学密切相

关的学生及学生的家长等的评价。评价过于注重结果，而忽略了最终导致这个结果产生的内容丰富的过程。评价缺乏关注教师自身对职业和学校的情感等方面的内在动力因素。而教师个人成长记录袋弥补了上述不足，为实现多元而全面的教育教学评价提供了充足的原始资料，正逐渐成为全球教师评价策略的主流。

2. 教师成长档案袋的主要内容和特点

凡是能够记录证明教师个人成长历程的材料都可以放进个人成长记录袋中，但在个人成长记录袋的建立过程中要注意资料的全面性、合理性与价值性。

（1）教师成长档案袋的主要内容有教师基本信息、成长信息、教育教学管理信息等。

①基本信息。主要包括：

档案袋封面内容：姓名、性别、出生年月、照片（蓝底二寸免冠正面近期头像）、籍贯、党派、所学专业，最后学历，教师资格类型：教育教学岗位或管理岗位等。

档案袋内主要内容：专业技术资格级别及相应聘书，学习简历、工作经历和从教年限，何年何月受到过何奖励、何年何月受到过何处分、已取得的成绩，个人特长和爱好等。

②成长信息。包括个人发展规划和具体工作情况记录。主要有：

教学方面：自评的优秀教案；自评的优秀课件；参加各级各部门或学术团体评选的获奖教案或课件；承担的公开课和培训讲座的相关影像资料和其他形式的各种资料；专业成长重要事件或活动，典型事件记录；潜能生转化过程的情况记录；试题开发；教学效果的整体分析和个案分析。

学习方面：日常学习、在职培训和学历进修。主要为：阅读的书目及学习感悟和体会；各类听课和听讲座记录、体会和感悟；从同行、管理者或专家以至学生那里获得的经验；参加进修或培训活动的内容记录和获得的收获总结；其他方面的学习机会与收获。

课题研究：教学经验总结、课题研究和研究成果。发现、研究和解决教育教学问题的过程；参与或独立完成的课题成果；发表的教育教学的论文或著作（包括章节）及摘要；课堂观察分析和总结；个人的教育教学理论。

反思：教育教学活动的反思笔记；学生成长分析、自我成长分析；名师成长分析等。

评价：自评记录；他评记录。主要是：同事、学生、家长、学校和其他上级主管部门、学术团体等的评价；老师对教研组、学校及上级部门和学术团体的教育教学管理工作的评价。

个性化发展：非专业方面的成长过程记录。

③教育教学管理信息：班级、科组、学校和学术团体的管理体会和成果记录。

④其他：教育叙事；生活随笔与杂记等。

不同教师个人成长记录袋的内容和分类不完全相同，关键是让成长记录袋有利于自己和他人更好地了解在教育教学和其他各方面的成长发展情况。

（2）教师个人成长记录袋的特点。

①内容呈现的多元性。教师成长记录袋的内容体现了多元角度的特点，在反映教师基本情况的同时，从不同的角度反映了老师在教育教学的业务学习、课题研究、学生个案研究等各方面所发生的变化和取得的成绩。

②创建的主体性。教师个人成长记录袋栏目的设置灵活性，能充分发挥教师在记录自己成长道路上的主体作用。张扬个性，充分展示教师成长过程的个体特色和风格。

③激励作用：教师成长记录袋记录了教师工作学习等各方面的实践智慧和闪光点，让教师在不断完善的过程中体验成功，同时激发潜在的能力，促进教师全面而有个性的发展。

(3) 教师个人成长记录袋的创建要注意避免形式主义。在教师成长记录袋的建立过程中，不要忽视资料的筛选、合并、归类，而把成长记录袋变成了资料袋。它必须有自己的类别和结构，它可以是层次目录型的存放形式，也可以是以研究为线索进行归档或其他个性发展为线索的模式。

3. 教师个人成长记录袋的管理

教师成长档案袋主要实行学校教务处、教研组和教师个人三级管理。教师是具体的管理者，主要负责及时将工作中的相关有价值的内容加入记录袋，不断完善补充成长记录袋的内容，使记录袋能真实地记录教师的成长历程。同时还根据各方面的建议和自身的发展修改和完善记录袋的类别和结构设计，使教师真实的成长历程和点滴的进步得到最大化的体现。教研组和学校进行定期和不定期的阅读、评价，以了解、督促、激励和指导教师的成长，发现和推广教师的教育教学的成功的经验和成果。学校把对记录袋评价、教师管理和学校的日常工作结合起来，形成了一种过程性、动态评价体系，在实现促进教师个体和整体的发展的同时，也能促进学校的发展。教师个人成长记录袋的评价主要以教师自评和教师互评为主，学校和相关机构随机评价为辅的评价体系。

4. 建立教师个人成长电子记录袋

电脑的普及和博客的出现以及博客随机性的管理机制，给非专业人士提供了宽松的创作环境，使运用博客创建教师个人成长记录袋而得以实现。通过博客可以将学习、工作和爱好有机结合起来，使教师能及时把日常工作中出现的各种亮点定格下来，随时随地进行跨时空的资源分享、交流和评价。内容栏目的设置可以更加细致、准确和更富有个性特色。它作为一种低成本、方便快捷、易于普及的管理系统，也越来越受到教育部门和教育工作者的关注，并逐步被引入到教育教学领域中，并逐渐成为教师专业成长的一个平台。教师电子成长记录袋的创建可以以教研组为单位，为每位教师在校园网上建立个人成长电子记录袋。教师个人成长记录袋的电子呈现是一种方兴未艾的发展趋势。网络以其互联互动的卓越优势、方便快捷特点，使教师个人成长的电子记录材料得到最理想的展示和传播。非电子化的纸质记录材料也具有独特的价值与功能。因此两种形式是相互有益的补充。

附表：教师课堂教学评价指标体系

评价内容	评价要素	评价具体标准	权重（分）
教学行为（56分）	教学目标的设定	1. 教学目标是否具体准确，有可操作性。 2. 是否涵盖了教学内容的知识、能力、情感态度、价值观等有关方面。 3. 是否与学生的心理特征和认知水平相适应。	6
	学习情境的创设	1. 是否有利于教学目标的实现。 2. 是否能激发学生的学习兴趣和思维。 3. 是否有利于学生的身心健康。	8
	教学资源和教学媒体的利用	1. 学习内容的选择和处理是否科学合理。 2. 学习活动所需要的相关材料是否充足，使用效率是否高。材料的选择是否能激发学生学习兴趣，符合学生认知规律。 3. 化学实验所有用品是否充分利用了本地有效资源，是否符合节约、环保的理念。 4. 教学手段的选择与利用是否从学校和教学的实际出发，利于教学重难点的突破。使用是否熟练。 5. 课件的使用是否更有利于学生对教学内容的学习理解，界面是否友好，操作是否方便，页面数量是否合理有效，前后页面衔接过渡是否自然合理。其他媒体的使用是否及时有效。	15
	学习活动的指导	1. 是否根据学习内容和方式创设恰当的情境问题。问题是否有利于培养学生的创新思维，是否有利于教学目标的达成。 2. 是否为每个学生尽可能地提供平等参与的机会。 3. 对学生的学习活动是否能进行有针对性的指导。 4. 是否及时采用积极评价语言和多元的评价方式。	12
	教师基本功	1. 是否有饱满的教学热情，对学生是否有亲和力。 2. 表达是否准确流畅富有激情，化学用语使用是否合理恰当。 3. 教学进度和学习注意力的调控是否合理到位。能否根据学生学习的具体情况反馈及时有效地调整教学。 4. 是否突出重点、难点，分解是否到位，教学方法是否恰当。 5. 板书是否布局合理、书写整洁、条理清楚。	15

（续表）

评价内容	评价要素	评价具体标准	权重（分）
学习行为（22分）	学生学习的总体状态	1. 是否都集中精力关注课堂。 2. 是否都主动参与体验知识的建构全过程，对学习中的问题是否主动探索，积极交流解决的方法。 3. 能否都正确进行实验和实验观察。	16
	学生个体的学习表现	1. 是否有学生提出有意义的问题或发表独到见解。 2. 是否有学生对没理解清楚的问题提出质疑。 3. 学生对错误思维或实验操作是否有反思能力。	6
教学效果（22分）	知识目标达成	1. 是否能用所学的知识解决相应的简单问题。 2. 能否用学到的化学用语进行问题的表达。	12
	能力目标达成	1. 学习过程中的信息收集和处理的能力，反思意识是否得到提高。 2. 知识的整合、创新思维意识和能力是否得到了发展。	10

下编 教学专业发展基本功

教师的发展是作为社会职业人的教师从接受师范教育的学生，到初任教师，到有经验的教师，到实践教育家的持续过程。教师发展的中心是教师的专业成长。这种专业成长是一个终身学习过程，是一个不断解决问题的过程，是一位教师的职业理想、职业道德、职业情感、社会责任感不断成熟、不断提升、不断创新的过程。布莱克曼曾对教师的专业发展下过这样的定义：不论时代如何演变，不论是自发的还是受赞助的，教师始终都是持续的学习者，此种学习就是专业发展。教师要发展，就必须要掌握学习的要领和方法。教师专业发展中最重要的是教学专业素养的提升，本篇主要从教学反思、教学交往、教学管理、教育教学研究和现代信息技术的掌握和运用等方面阐述教师教学专业素养发展应具备的基本功。

一、 教学反思

教学反思，即教师以自己的教学实践过程为思考对象，对自己所做出的教学行为、决策以及由此产生的结果进行判断和分析，以便对自己的教学进行及时的调整，从而提高自己的教学效果。美国学者波斯纳（G. J. Posner）总结了教师发展的规律："经验+反思= 成长"，并指出，没有反思的经验是狭隘的经验，最多只能形成肤浅的认识，教师如果仅满足于经验的获得而不对经验进行深入的思考，其发展必然会受到很大的限制。

（一） 说课

说课是指教师口头表述具体课题的教学设想及其理论根据。具体地说，它是教师在备课的基础上，依据课程标准和教材，结合有关的教学理论和学生实际，向其他教师说明某本书或某节课的教学思路和教学设计及其理论根据，然后由听者评议、讨论，达到相互交流、共同提高的目的。

1. 说课的基本要求

教师在说课时要求说明教学设计的目标、思路、教学过程及其理论

根据。

（1）说教学的三维目标及达成目标的基本方法。

（2）依据课程标准进行教材分析、学情分析。

（3）说突出教学重点、化解教学难点的方法和思路。

（4）说采用的教学方法、学法指导及教学手段的优化。

（5）说优化教学过程的思路及策略，并通过具体事例说明教学效果。

2. 说课的主要特点

从说课的内容和形式上看，它同集体备课、上课有许多相似之处，但也极具特色。根据近几年说课的实践和研究，说课的主要特点是：

（1）理论性。备课和上课更侧重的是“如何教”，而说课不仅要说出“如何教”，说课教师还要运用教育学、心理学等教育理论知识说清“这样教”的理论依据，要让听者不仅知其然，还要知其所以然，这是说课区别于备课、上课最显著的方面。

（2）科学性。一方面，说课中要求教师以科学的教育、教学理论为指导，用科学的办法解决教学中可能出现的问题；另一方面，由于教师说课的对象是领导或同行，通过评判和交流，及时获取建议，纠正不当和错误，使教学过程的设计更加符合教学原则，更为科学。

（3）超前性。说课要求教师不仅说出教学方法，还要说出如何指导学生的学法。因此说课教师要估计不同水平的学生对教师的教学会产生怎样不同的反应，学生面对新知识的学习会有怎样的障碍，并说出根据不同情况而采取相应的策略和解决的方法。说课者还要预设学生如何回答教师所提出的问题，教师又该如何处理。对于教学中可能出现的问题想出相应的对策，以便课堂教学中因势利导，随机应变。

（4）灵活性。和教案相比，说课直观、形象，变静为动，形式活泼；和观摩课相比，说课形式灵活，简便易操作。不受时间、地点、人员和教学进度的限制。

3. 如何说课

（1）说教材。教材是知识的载体。深刻地领会教材，准确地把握课程标准，是说好课的先决条件。说教材包括说教材内容，说清楚本节教材在本章节或者本模块中的地位和作用，搞清楚教材内容的编排意图和与前后知识的联系。并说出是如何根据课程标准和教材内容的要求，确定本节课的教学目标（包括知识与技能、过程与方法、情感与价值观）、重点、难点和疑点。

（2）说教学对象。不仅要说明学生现有知识储备和能力水平，在学习过程中可能存在的障碍，还要分析学生的生理、心理特点及根据其特点所采取的教学策略。

【案例】

如某教师说高中化学《乙醇》（高一鲁科版）一节课的教学对象分析：高一年级的学生对有机化学知识的认识尚处于启蒙阶段，虽然他们所掌握的化学知识有限，但他们对未知的化学世界充满了好奇心和神秘感，迫切希望对之进行探究，这是教师在教学中展开探究活动的情感基础。他们思维发展的显著特点是对事物的感性认识还比较直观，空间的想象力不够，从而使抽象思维容易产生片面性和表面性，所以在本节课的教学中，教师可通过对乙醇分子结构和性质探究，培养学生学会由事

物表象解析事物的本质变化，进一步培养学生综合探究能力、空间想象能力和创造性思维能力。

(3) 说教学方法。教师需要说明在本节课中采用何种方法，以及采用这种方法的理论依据和目的是什么。要注意如下几方面：①要突出本节课所采用的主要教学方法以及这些方法是如何为教学的重点服务的；②说教学方法时要与学法相对应，体现学与教的联系；③说教学方法时除了谈理论的依据，还需要通过一些教学中的环节或事例来辅助说明。

(4) 说学法指导。学生是学习的主体，我们教师的一切好的教法设想，都得通过调动学生这个学习主体的意识和行为来完成和实现。只有他们做好了，才能体现教师各种教法设想的真正价值和意义。所以教师在说学法时要说清楚通过本节课将教给学生怎样的一些基本的学习方法，这些方法对于学生发展有怎样的帮助等。一方面既要说清楚这种学习方法的特点，又要阐述明白教师是如何操作来指导学生的学习的。只有这样，学法指导才有针对性，才不会成为空谈。

(5) 说教学过程。说教学过程是说课的核心内容，需要做到：

①说教学的环节，包括如何复习旧课、导入新课，如何突出重点、突破难点的，如何提问设问、过渡衔接等；②说教学过程时不必面面俱到，只要突现出主要的教学环节和精彩的片段即可；③说教材处理，说明是如何对教材内容进行加工，调整甚至整合的，并理清各知识点及其内在的相互关联。教材处理时要注意：教材只是教学的范例、知识的载体，但它不是教学的最终结果，作为教师应该充分地利用自己的聪明才智，创造性地使用教材，真正做到“用教材教”，而不是“教教材”；④说板书的设计，包括板书的内容、布局呈现、板书与教学的关系等；⑤说达标练习，每道题的设计意图、试题深广度、考查的目标等。

4. 说课质量评价

说课质量的评价，同课堂教学一样，是教学评价的一项重要内容。应以课程标准、教材为依据，建立科学的说课质量评价指标体系，对说课的全过程给予客观的评价。按照说课的要求和内容，通常将说课的全过程分解为五项评价指标，即：教材、教法、学法、教学程序、教师素质。

附表：化学科说课质量评价标准附表

评价指标	评价要素	权数	实得分数
教材（20分）	1. 教材分析正确、透彻，说出知识的前后联系、教材所处地位及作用。	6	
	2. 教学目的准确、具体，符合课程标准要求，教学要求符合学生实际。	5	
	3. 教学重点、难点确定准确。	5	
	4. 联系课标、教材，正确说明确定教学目的、重点、难点的依据。	4	
教法（10分）	1. 选择恰当、多样、有启发性的教学方法。	4	
	2. 根据教材和教法准备适当、适量的教具和学具。	2	
	3. 结合教学目的、教材特点和学生年龄特征，贴切并具体地说出所选教法的理论依据。	4	
学法（10分）	1. 教给学生合适的学习方法，恰当运用学习方法，培养能力。	6	
	2. 具体并有针对性地说出学法指导的理论依据。	4	
教学程序（50分）	1. 教学内容和所渗透的思想观点科学、正确。	4	
	2. 准确把握教材的深度、广度，难易适当。	4	
	3. 教学结构合理，目的明确，层次清楚。	7	
	4. 分清主次，突出重点；抓住关键，突破难点。	7	
	5. 教法运用恰当灵活，有创新，启发诱导得当。	6	
	6. 重视化学实验在教学中的作用。	4	
	7. 体现指导学生自主探究，获取知识。	5	
	8. 体现学法指导和兴趣与能力的培养。	3	
	9. 各环节安排的理论根据正确、恰当、具体。	10	

（续表）

评价指标	评价要素	权数	实得分数
教师素质（10分）	1. 说普通话，语言完整、流利、准确、精炼。	4	
	2. 说课姿态自然、大方。	6	
总评	定性评价意见：	总分	

（二） 评课

“评课”是指参加听课的教师依据教学理论和原则，对课堂教学中的师生双边活动以及由这些活动所引起的结果进行价值判断和评价。评课是一种常规教学、教研活动，它有利于教学问题的准确诊断、正确引导，有利于激励教师加快知识更新、优化教学过程，有利于教师切磋技艺、交流经验。评价的目的不是为了证明，而是为了改进。

1. 如何评课

评课时首先要求要仔细听课、弄清标准、做好记录。最好还要听取授课教师对本节课的自评以及听课学生的评价，这样有利于了解教师、学生的实际情况，做到有的放矢。评课包括以下内容：

（1）评教学目标。教学目标是教学的方向。评课时要看教学目标的制定是否是依据课程标准和学生的实际情况，教师对于教材功能的定位和教材内容处理是否恰如其分，教学的实施过程能否很好地服务于教学目标。重点是否突出，难点是否突破。学生在知识与能力、过程与方法、情感态度价值观等方面是否有了发展。

（2）评教学对象。是否从学生全面发展的角度出发，注重学生的学习状态和情感体验，是否注重教学过程中学生主体地位和主体作用的发挥，是否强调尊重学生的人格，鼓励发现，探究与质疑，是否有利于构建“生命课堂”。

（3）评教学方法。所谓教学方法，包括教师的“教”和学生的“学”，它们是辩证统一、相辅相承的。评课时要看教学方法是否考虑到教材内容、学生实际、教师特点而优选活用，教学方法是否围绕目标，并为达成目标服务，教学方法有没有改革与创新，有没有形成独特的教学艺术风格。有没有采用现代化的教学手段提高课堂教学效率等。

在“评教”的同时，更要侧重“评学”。要看教师是如何指导学生分组学习讨论，如何开展行之有效的探究活动，课堂上是否有利于形成学生独立思考、敢于质疑、乐于探究的品质；是否培养学生发散思维问题，多角度解决问题的能力等。

（4）评教学过程。教学目标要在教学过程中完成，教学目标能不能实现要看教师教学的设计和实施。因此，评课必须注重对教学过程的评析。教学过程的评析包括以下几个方面。

①看教学思路设计。教学思路是教师上课的线索，它包括了知识线索、情境线索、活动线索、发展线索等。评课时要看这些线索是否符合教学内容实际，符合学生认知规律，是否紧紧围绕教学目标的实现而展开，是否为学生创设了良好的学习情境，强化问题意识，是否层次分明脉络清晰，是否详略得当，衔接自然等。

②看教学环节安排。新课引入是否扣人心弦、激发学生的学习热情，新课学习能否突出重点、化解难点，传授的内容是否科学、严谨，课堂小结能否画龙点睛进一步提升教学效果，练习巩固环节是否面向所有学生，体现层次性，练习与本课的教学目标是否相一致，重要知识和技能是否得到强化和巩固等。

③看教学时间分配。教学时间的安排是否合理，有无“前松后紧”或“前紧后松”的现象，教师的“讲”和学生的“动”时间是否分配恰当，学生阅读、讨论和实验时间是否充分，在进行实验探究分组学习时是否有效、高效，有无浪费教学时间的现象，重要内容的教学时间是否得到保证。

④看板书设计。板书是教学的重要手段之一，它对学生的学习起启发、强调、归纳作用，有利于学生理解知识，强化记忆。评课时要看板书内容是否科学，布局是否合理，是否紧扣主题，言简意赅，主板书和辅板书是否紧密结合、相得益彰，是否有条理性和艺术性。

(5) 评教学效果。课堂教学效果，是评价教学的一项重要指标。主要包括以下几个方面：不同层次的学生在知识与技能、过程和方法、情感与态度方面是否在原有基础上得到提高；教学中是否做到学生思维活跃，身心愉悦；课堂是否优质高效，是否是“生命的课堂”。

(6) 评教学基本功。教师的教学基本功体现了教师的专业素养。也是教学成败的关键。评课时要看教师的普通话是否标准，语言是否简洁明了、优美生动、富有感染力，语调是否抑扬顿挫，语速是否快慢适中。板书是否工整美观，娴熟有条理。教态是否大方，举止从容，富有亲和力。专业知识是否深厚，学科视野是否宽阔，实验操作是否熟练规范，能否创造性制作、使用教具，现代教育技术能否熟练应用在教学中，时机把握是否得当等等。

2. 评课注意事项

评课的目的是为了诊断教学问题，矫正不良的教学行为，从而优化教学过程，帮助和指导教师提高教学水平。评课时应注意如下事项：

（1）评课时应该实事求是、客观公正地评价一节课，不能带有个人感情色彩，不能想当然。

（2）要主次分明，针对主要教学问题进行评议和讨论，不要面面俱到，蜻蜓点水。

（3）评价的目的不是为了证明，而是为了提高。评课时要多看到授课教师的闪光点，多用激励的话语，有建议有问题尽量采取商量的口吻与授课教师共同探讨，不要把自己的想法强加给别人。

（4）要有理有据，针对授课教师的一些具体典型的教学环节加以分析和评价，评价时将教学理论与教师的实践活动结合起来，增强说服力，切不可泛泛而谈。

（5）评课者在评课前首先要对所评内容有一个全面、深入的了解和准备，只有这样在评课时才能把准脉搏，切中要害，提高评课的效果。

（三） 教学监控

1. 教学监控能力的概念

教师为了保证教学的成功、达到预期的教学目标，而在教学的全过程中，将教学活动本身作为意识的对象，不断地对其进行积极、主动的计划、检查、评价、反馈、控制和调节的能力称为教师教学监控能力。这种能力主要可分为三个方面：①教师对自己的教学活动的事先计划和安排；②教师对自己实际教学活动进行有意识的监察、评价和反馈；③教师对自己的教学活动进行调节、校正和有意识的自我控制。教学监

控能力这一概念的提出，可以说是在教师的元认知训练、反思训练、策略训练与教学行为、学生发展之间找到了一个契合点。从一定程度上可以说，教师的教学监控能力对教师的教学效果起着决定性的作用。

2. 提高化学教师教学监控能力的意义

教学监控能力是教师课堂教学能力的最主要部分，教师对于课堂教学活动的计划与准备、组织与管理、调节与控制以及反省和评价贯穿于课堂教学的始终，教师的教学监控力的高低将直接影响着教师的课堂教学水平，教学监控能力越高，教学效果会越好。

教学监控一方面有利于化学教师优化自己的教学行为，包括可以根据课程标准和化学教学目标要求，制定符合学生实际的教学安排，选择科学合理的化学教学方法，使化学教学中各要素进行更好的配置和组合，发挥出理想的教学效果，从而促进学生化学素养的发展，从根本上提高化学教学的效率和质量；另一方面有利于化学教师学会如何反思自己的教学行为，促进化学教师在教学过程中实现理论与实践的对接，理性地回答教学中的“是什么”、“为什么”、“怎么办”，从而将实践经验提升为有价值的理论认识，帮助化学教师提高以后化学教学的有效性。所以化学教师的教学监控能力是使自己由依赖走向独立、由他控走向自控的重要标志。

3. 提高化学教师教学监控能力的策略

化学教学过程中教学活动是一个极其复杂的体系，受到许多因素的影响和制约。在实际的教学中，这些因素能否有效地发挥作用，关键在于化学教师在教学中的自我监控要充分体现自我效能感，能从教学的情境实际出发，以教学目标达成为前提，以学生发展为根本，综合考虑教学各要素进行合理选择和有效实施。根据化学教学过程不同阶段的表现形式，化学教师可采取下述三种自我监控策略：

（1）教学前的认真准备策略。教学前精心的安排和准备是上好一节课的前提。化学教师在教学之前要明确教学目标、教材内容。教学目标的制定要全面、具体、恰当，“全面”是指要从“三个维度”确定目标；“具体”是指要根据化学学科特点明确要求；“恰当”是指目标要与课程标准和学情相结合。采用的教学方法要灵活多样，要注意多种方法的有机结合；注重对学生的学法指导，学生不仅要“学会”，还要“会学”；思考在教学中可能会出现的教学问题及可能取得的教学效果；重视合理、经济安排时间，提高教学有效性；实验仪器的准备要细心认真，确保现象明显，万无一失；调节好自己的情绪和精神，保证课堂上有积极、融洽的课堂氛围。

为了提高教学准备的策略，弥补个人准备的不足，一方面我们可采用集体备课的方式，就教学中难以处理的教学环节或可能出现的教学问题研讨分析，通过集体的智慧找出相应方案。另一方面我们可以通过观摩其他优秀教师良好的课堂教学，虚心听取他们的意见或建议，取长补短，思考自己在准备上还有哪些不足，并继续补充完善。

（2）教学中的科学调控策略。教学中的调控是指教师有意识地对自己的教学活动进行调节和控制，使之达到理想的教学效果。教师的课堂调控能力是上好一节课的关键。教师要能根据教学前的计划和安排及学生的反应做出适当的调整，根据面临的问题，修正原有计划，灵活机智地处理好“预设”和“生成”的关系。化学教师应采取多种方法把学生

的注意力牢牢吸引到教学活动中，特别是要充分发挥化学实验的教学功能，通过实验探究、小组讨论等形式，创设最佳的教学情境，因为教学情境是课堂教学调控目的赖以实现的基本条件。化学教师应根据教学需要，尤其是教学情境的需要灵活地、创造性地控制和调节课堂教学，才能使化学课堂充满生机，让每个学生在课堂上感觉都是一种新鲜的体验，智慧的旅程。

课堂教学中的调控能力是一个螺旋上升的过程，这种自我监控能力的培养和提高并非遥不可及，只要我们化学教师在教学中反复实践，不断完善发展，最终会达到“得心应手”的程度，能从容地面对自己的教学状态，对学生的学习情况作出相应的调整。当然也只有掌握了娴熟的调控策略，才能排除外界的干扰，保证教学的顺利进行。

（3）教学后的及时反思策略。课后反思是培养教师监控能力的有效途径。教师在一节课或某一阶段的课结束后，要进行梳理和总结，及时分析自己在课堂教学中的得与失；分析自己的教学过程是否符合学生的认知规律；分析自己实验教学是否有待改进和完善等等。从多方位、多角度地审视自己的教学行为，不断发现和解决自己在教学方面的问题，把教学理论与教学实际紧密联系起来。

值得注意的是，对于一些不理想的教学环节或处理不当的突发事件，我们教师要采取恰当的补救措施，只有这样才能使反思的结果真正落到实处。另外教学的反思总结最好能付诸笔端，形成反思日记，这样有利于强化反思效果，为以后的教学提供参考和借鉴。

总之，化学教师的教学监控能力与化学教学存在着必然的联系，化学教师只有不断提高自己的监控能力，掌握一定的监控策略，才能最终实现自我的进步和发展。

（四）教学反思日记

反思日记是教师将自己的教学实践的某些方面，连同自己的体会和想法记录下来，从而实现自我监控的一种有效的方式。反思日记的内容可涉及教师方面、学生方面、教材分析、教学组织、教学评价、教学方法等。教师不仅可以对课堂上所发生的事件进行实事求是的描述和记录，对事件的发生进行审视和分析，还可以提出相关问题的研究策略。教育家苏霍姆林斯基曾经建议：每一位教师都来写教育日记，写随笔和记录。这些日记和记录是思考及创造的源泉，是进行教育科学研究的丰富材料及实践基础。那如何写好教学反思日记呢？可从以下几个方面入手：

1. 写“闪光”之处

每位教师的课堂教学都有它的“闪光点”，如引人入胜、幽默风趣的导入；短小精悍，但有画龙点睛之效的小结；一些教育理论运用到自己教学实践中的感触；课堂教学中处理教学突发事件的一些有效做法；某些教学思想方法的渗透与应用的过程；教学方法上的改革与创新等等，关键是我们教师要善于挖掘并及时将其过滤出来，以便在以后的教学实践中参考借鉴，并且还可在原有基础上不断地改进和完善，使其达到更高的顶点。

【案例】

如某教师关于“外界条件对化学反应速率影响”的反思日记片段：今天这节课一改原来的“我讲授，学生听，我演示，学生看”的形式。首先我从生活中的实例出发，提出本节课的主题，然后给出阅读提纲，指导学生阅读，并将课本的实验变为学生的分组实验，自主学习完后开一个小型的研讨会，让小组陈述学习成果。当然整个过程我给了学生一些建议和帮助，为学生疏通学路。最后我对小组做出评价，而且对于重、难点内容作了进一步的梳理。整个过程学生的注意力高度集中，情绪高涨。从反馈的练习中看出学生掌握的效果也不错。我认为这节课能取得成功关键是这节课的教学设计充分体现了建构主义理论的教学理念。建构主义认为，学习者要获取知识、完善自己的认知结构，是在一定的学习情景下，通过教师或同伴的帮助、人际间的协作、讨论等活动而实现意义建构的过程。学生要完成这一自主学习过程，必须具备一定的自学能力、实验能力、分析归纳能力、与人协作的能力以及语言的表达能力。这些能力的形成需要我们在充分信任学生的前提下在平时的教学中一点一滴地培养。

2. 写“不当”之处

课堂教学不可避免会有一些“瑕疵”，对于它们我们不能视而不见，而应采取积极的态度对其作深刻的反思、研究和剖析，使之成为以后教学时应吸取的教训，让我们的教学更上一个台阶。

【案例】

如某教师关于“乙烯”的反思日记片段：今天在课堂上我利用课本

中的装置——实验室制乙烯的方法生产乙烯，结果不仅耗时长，而且得到的乙烯的量也较少，使得乙烯的性质实验受到影响，而且课堂的后半部分时间较紧。究其原因，主要是由于课本中利用圆底烧瓶隔上石棉网加热，这样温度上升很缓慢，而且到达170℃所需时间较长。如果将圆底烧瓶该为大试管，这时可直接加热，温度上升很快，大大减少了副反应的发生，能获得较好的效果。

3. 写教学机智

课堂教学中，随着教学过程的不断深入，师生的交流和思维的碰撞更加频繁，这时往往会因为一些突发事件而使学生或教师产生瞬间灵感。这些智慧“火花”常常是不由自主、不期而至，对于这些课堂生成的教学资源要及时利用课后时间梳理、分析，这些难能可贵的资源也是对课堂教学的补充与完善，可拓宽教师的教学思路，提高教学水平。

【案例】

如某教师关于“乙酸”的反思日记片段：今天在做乙酸制备乙酸乙酯的演示实验时发生了一个小小的插曲。我按课本中的利用饱和的碳酸钠溶液来收集乙酸乙酯，为了使现象更明显，我在碳酸钠溶液中滴加了几滴酚酞使其变红，实验完后上层是无色的油层，下层为红色的水层，振荡后，水层的红色消失，我给出的结论是由于乙酸的挥发将碳酸钠中和完，所以水层褪色。但我话音刚落，天林（一学生）大声说：“饱和的碳酸钠溶液那么多，能中和完吗?”我被这突如其来的问题给怔住了，安静的教室学生们正瞪大了眼睛看着我的回答，我沉思了一会觉得这个问题有进一步探究的价值，于是就抛出这样一个问题：“天林的质疑我

认为很有道理，那大家能否通过实验证明碳酸钠有没有中和完?"，这时教室沸腾了，显然学生对于这个问题很感兴趣，通过讨论得出：可取下层水层，向其中再加酚酞，观其颜色。我便让天林上讲台给大家演示，结果溶液变红了，说明水中的确还有碳酸钠，接着追问：那原来的酚酞去哪了？这时学生百思不得其解，我便给出提示：酚酞是一种有机物，难溶于水，易溶于有机溶剂。学生这时回忆起前面学过的"萃取"才恍然大悟！这节课虽然没有完成预定的教学计划，但我认为"这个小插曲"更有价值，它不仅提高了学生的学习兴趣，而且培养了学生分析问题和解决问题的能力。通过这个事例让我有两点深刻的体会：1. 备课时一定要细致认真，不仅要备教材，也要备学生；2. 要处理好预设与生成的关系。教师要注意捕捉课堂上生成的资源，为我所用，有时会有意想不到的效果。

4. 写"再教设计"

所谓"再教设计"，指上完一节课后，自己总结了哪些教学规律，又有哪些新的体会和想法，教学过程中发现了哪些问题，这些问题该如何化解等等，及时记下这些得失，并进行归类与整理，重新审视一下如果再教这部分内容时应该如何做，写出"新的教学设想"。这样可以做到精益求精，把自己的教学水平提高到一个新的境界。

【案例】

如某教师关于"物质的量浓度溶液的配制"的反思日记片段：这节课教学思路我是先讲物质的量浓度的概念以及引入这一概念的重要性，然后演示配制过程讲述配制的方法，最后引导学生分析实验可能的误差，从而归纳配制的注意事项。整节课我认为很流畅，时间把握也很好。但我始终感觉课堂上学生学习兴趣不是太高，而且通过反馈的练习学生对于物质的量浓度的概念的理解并不是很好，虽然我花了不少的时间强调。这节课问题出现在哪呢？通过查阅相关资料和请教一些优秀教师后，我觉得问题主要有三：第一，没有很好地关注学生认知规律。如果能从具体的实验操作到抽象的概念可能学生学习起来会更加轻松和容易。第二，学生的主体作用没能很好地发挥。教师的演示如果能改为学生分组实验可能更好，并且学生分组实验之前可先组织学生讨论如何配制一定体积含一定物质的量的溶质的溶液。由于学生对于容量瓶并不熟悉，学生不可能找到正确的方法，但通过分析讨论，学生的兴趣一定高涨，对于容量瓶的印象会更加深刻，而且为后面的误差分析做好铺垫。第三，物质的量浓度其实与我们的实际生产生活联系紧密，如果我们能从实际的事例作为教学的切入点，教学可能会更加生动。

总而言之，写反思日记，重在及时，贵在坚持。一有收获，马上写下，即使只言片语，但长期积累，必有“水滴石穿”的精彩。

二、 理解他人和与他人交往

教育是一个复杂的系统工作，教育对象的特殊性，决定了教育工作方式的特殊性。为了更好地做好教育工作，教师要理解学生，具有与学生交往的能力。教育学生单凭一个教师的工作是不可能做好的，需要教师间的合作，也需要家长的合作。

（一） 理解学生和与学生交往

1. 教师理解学生和与学生交往的必要性

一项对2000余名未成年犯的调查显示[①]：13、14岁是危险的年龄，他们的不良行为开始年龄不足12岁的占10%；12岁以上不足13岁的占30%；13岁以上不足14岁的占50%；超过14岁的只占10%。也就是说，各种不良行为基本上是从初中阶段开始的。“高发年龄”绝大多数是在13岁到15岁，最突出的是14岁，基本上是初二学生的年龄。高中生，智力水平接近成人，心理需求增多，要求别人了解、理解和尊

①尹洁．未成年人犯罪始于不良行为 13、14 岁是危险年龄［EB/OL］http：//news. enorth. com. cn/system/2005/11/02/001154362. shtml

重，对异性关注上升，希望引起异性好感。处理问题表现出独立的思维方式，但由于社会经验不足和认识的局限，辨别力不如成人，常常会出现理想与现实的矛盾。有时会对家长或老师善意的批评和教育表现出逆反心理和反叛行为。另外快速发展的社会物质文明，使人们的欲望不断提高，多渠道的信息传播也使他们过早眼界大开。他们在学校接受正面教育的同时，也会受到来自社会的一些消极影响，难免会犯一些错误，给学校教育制造一些麻烦。这就要求老师了解学生的个性特点，多渠道与学生沟通和交流，正确地认识他们犯错误的动机，教师要拥有一颗宽容博大的心，把握一切施教机会教育学生。

2. 教师理解学生和与学生交往的障碍

教师理解学生和与学生交往的障碍主要存在以下几个方面：

（1）传统教师形象阻碍教师与学生的沟通和交往。长期以来，师生关系是“师道尊严”，老师在学生心目中不但是绝对的权威，而且还是绝对的道德完人，学生只能听从，甚至有的还会声色俱厉地斥责学生。学生有疑问有思考也不能问，异想天开的想法更是不能提出。

很多老师小时候经历的传统教育方式还残留在他们的脑海里，他们在教育实践中会把这种教育方式用在学生身上，就不可避免地与学生发生冲突，产生隔阂。如果处理不好，会造成更严重的恶果，如学生不堪羞辱自寻短见、家长殴打教师，甚至戮师的恶性治安事件。

（2）老师不能容忍学生的“错误”，阻碍教师与学生的沟通和交往。青少年学生处在青春发育时期，他们的突出特点是好奇、好动、好幻想，还贪玩、自以为是、自控能力差、意志力脆弱、逆反心理强等。这些看起来都是些缺点，其实不然，这正是青少年具有可塑性的原因所

在，正是一个人走向完善、独立和成熟所必须经历的“不成熟过程”。他们总认为自己长大了，渴望独立行事，自作决断，讨厌家长和老师处处节制，抵制家长和老师善意的教育和建议，总想反着做。家长和老师说得越多越频繁，他们的抵触情绪就会越严重。有时学生的有些举动看来好像违反纪律，有些言论过于偏激、片面，对此，老师不要轻易地下结论，绝不能因此认为是思想道德不好，人坏得很。老师们不妨换位思考，我们每一位老师是不是也经历过这样的“不成熟过程”，并犯过这样或那样的“错误”呢？

如果教师能够以宽容的心态，包容学生所谓的“缺点”，那么师生之间就会变得容易沟通和交流，关系会变得和谐融洽，教育也会容易进行。

（3）学生不愿主动“自我暴露”，阻碍教师与学生的沟通和交往。学生是否愿意让别人了解自己，其“自我暴露”的程度如何，以及他愿意让别人如何了解自己都会对老师的认知产生影响。造成学生不愿意向老师“自我暴露”的原因是多方面的。其中有性格方面的原因，性格内向的学生，不喜欢表达自己的观点和心迹，行动上不喜欢表现自己，总是小心翼翼的，胆小，安静，常常默不作声。他们遵守纪律，少有旷课迟到，学习认真，但是成绩平平，对班级的活动也没有太多热情，甚至不够积极。他们的意见或心声容易被忽视。他们渴望交流沟通，可又不能走出来，主动表达自己，表现自己。当遇到困难的时候，他们往往得不到别人的帮助，只好将烦恼、忧愁、痛苦压抑在内心深处。不能说老师会讨厌这样的学生，但是这种学生的安静和拘谨，不会给班级带来危害，也不会给老师招惹麻烦，这样的学生往往会被老师忽略了。另外，如家里有暴力型的家长，或突然遭受父母离异的打击；或者受到老师、同学的误解、羞辱使自尊心受伤害；或是由于自身的某种生理缺陷而遭到同学讽刺或嘲笑等。这些都会在学生心灵上留下阴影，如果自己不能解脱或醒悟，时间长了，会导致性格内向甚至自闭，不愿意与老师、同学交往，有困难得不到别人的帮助。独自遭受折磨和痛苦，会严重影响人格的健全发展。

3. 教师理解学生和与学生交往的方法

在学校里，教师对学生进行教育是通过彼此接触和交往实施的，教师在交往中应注意交流的方法，需要把握以下几点：

（1）态度诚恳语言幽默。在师生交往中，言语交流是常见交往方式。首先，教师要态度诚恳，语言稳重恰当，不讲过头话，不能对学生进行讽刺挖苦，更不能说绝情话，尤其不能乱扣帽子，盲目训斥。在与学生谈话时要注意多用鼓励性的积极向上的语言，谈话内容要针对性强，只针对具体的人和事，不要算旧账或数落以前犯过的错误。如果有意无意地讲了过头话，伤了学生的心，就要及时补救，检讨自己，安抚被伤害者。其次是语言风趣幽默，态度和蔼亲切，一席幽默风趣的话语可以缩短师生间的心理距离。

（2）把握好宽容与严格的尺度。宽容是人类情感中至高无尚的美德。对教师来说，宽容是一种教育智慧，也是一种教育修养，是师爱的一种体现。教师应该做宽容的使者，宽容学生的缺点，宽容学生的不恭，宽容学生的失误，宽容学生的幼稚。但是宽容并不排斥严格，宽容并不等于放任自流、撒手不管。如果对学生的缺点、错误听之任之，则不是宽容而是纵容。严格要求学生，规范学生行为，要考虑学生的承受能力，循序渐进，宽严有度，如果师生之间撕“破脸”，那么教育效果也就大打折扣了。对宽容和严格尺度的把握，可以体现出一名教师的教育水平。

（3）公平地对待每一个学生。有这样一则小故事：一天，农夫正驾着两头牛在犁地。有人路过问农夫：“你这两头牛，哪一头更棒呢？”农

夫一言不发。等耕到了地头，牛在一边吃草，农夫才附在那人耳边低语："边上那头牛更棒些。"那人很奇怪，问他为什么用这么小的声音说话？农夫回答说："牛虽然是畜类，心和人是一样的。我如果大声说，它们能从我的眼神、手势、声音里分辨出我的评论。那头牛虽然也尽了力，但仍不够优秀，得不到主人的赏识，它心里也会难过的。"一个山野的农夫对他的牛，尚且倾注了那样深的爱心，人比牛更敏感，面对有思想有情感的生动活泼的学生，教师有何理由不倾注更多爱心，更加平等地对待每一个学生，给他们更多的关心和爱护呢？

在学生眼里，"公平"被视为理想教师最重要的品质之一。他们渴望教师能够以一种公正客观的态度对待所有学生，一视同仁，不厚此薄彼。公平对待学生，教师应有教无类，教师不应该有偏爱"优等生"，歧视"后进生"的行为。让每一个学生在公平、温馨、和谐的氛围中健康成长，一定不要因为教师的偏狭和功利，造成对学生的伤害，折断了学生奋飞的翅膀。

（4）教师要学会使用"皮格马利翁效应"。"皮格马利翁效应"给我们的启示是：赞美、信任和期待具有一种能量，它能改变人的行为。当一个人获得另一个人的信任、赞美时，他便感觉获得了社会支持，从而增强了自我价值，变得自信、自尊，获得一种积极向上的动力，并尽力达到对方的期待，以避免对方失望，从而维持这种社会支持的连续性。

教师要欣赏每一个学生，相信：没有有缺点的学生，只有有个性的学生！教师与学生交往，就是要通过自己的特定行为方式，将期待、赞赏、鼓励等有意识地传达给学生，让学生感到关心、赞许、信任与支持，唤醒他们内心的原动力。学生便会在这种期待中，努力超越自己，把老师的期待内化，向着人们所期望的方向发展，最终达到与教师期待的一致。

（5）教师要学会倾听学生内心的声音。谈话是双向的。教师切记不能将与学生的谈话变成了一个人的演讲表演，这样不但收效甚微，还会引起学生的厌烦。教师约请学生谈话，或者学生主动找教师谈话时，都会有一定的目的性。不管何种情况，教师都要注意倾听学生的声音，从学生表达的内容、表情甚至语调中，获取准确信息，弄清前因后果，作出正确判断。态度中肯地给予有的放矢的指导、建议或批评教育。如果交谈成为单向的，无论哪一方只讲不听或只听不讲，都会出现“冷场”，使谈话陷入尴尬。在师生交往中，教师必须意识到自己兼有说话者和听话者双重角色。

（6）教师要淡化角色，与学生交朋友。在新的教育形势下，教师的角色是多重的，如“长辈”、“学者”、“朋友”等。教师与学生的交往中，根据不同教育情景和学生的不同心理需求，既有教师角色交往，又有教师个性交往，教师是以双重甚至多重身份出现在学生面前的。在知识技能的学习中，学生会要求教师是“学者”、“专家”、“导师”；在教师与学生的沟通交往中，学生会要求教师是“朋友”，厌倦教师以“教师角色”交往，更多地是寻求既充满友谊、又富有情趣的“个性交往”，来达到心理上和精神上的平衡。因此，在与学生的交往中，为便于沟通，实现教育目的，就希望老师淡化角色，把学生放在心中最重要的位置，以充满个性的“人”的面目参与交往。

（二） 教师间的合作与交往

1. 教师间的合作与交往的必要性

（1）教师间的合作是教育发展的需要。教育从本质上说是一种合

作性的事业，而教师职业从本质上说是一种合作性的职业。合作是个人或群体之间为达到某一确定目标，通过彼此协调而形成的联合行动。

新课程呼唤“综合型全能教师”，要求教师要打破自己原有的知识结构，冲破学科壁垒的禁锢，教师需要相互借鉴，共同探讨，加强合作。但实际情况是教师之间存在知识和能力上的差异，一个人不可能解决学生的所有问题，这就需要教师之间的共同合作，提升教育教学效果。

（2）教师合作是教师个体专业发展的需要。新课程的开发和实施，冲击了教师原有的知识结构，引起了教师的职业焦虑，也激发了教师渴望更新知识结构和提高综合教学能力的强烈愿望。

教师之间在知识结构、智慧水平、思维方式、认知风格等方面也存在重大差异，这种差异是个体知识结构和能力上的特点同时也是不足，其实更是一种宝贵的教学资源。如果教师加强合作，会使原有的观念更加完善和科学，使每个人的优势整合为集体的智慧。新课程的综合化要求教师自身素质的综合化，在短时期内期望每一位教师都成为科科通、样样精的“全能型”教师是不现实的，而教师的教育教学合作，可扬长避短，弥补教师个体的弱势。通过听课、观摩、讨论、教研等合作形式，加强教师间交流和协作、分享经验和整合智慧，从而在一定程度上促进教师专业技能的提高。

（3）教师合作是学生发展的需要。在新课程标准下，教师要关注学生的知识，技能，情感态度与价值观三位一体的课程目标。教学已经不再局限于学校、教室、课堂和课本的严格范围之中，而是要立足全体学生的终身发展和全面发展，着眼于学生的创新精神和实践能力的培养。根据新课程标准要求，开展学生自主学习、个性化学习的成分增大，使学生的自主空间增大了，自主意识增强了，获得知识的渠道增多了，学生提出的问题也越来越多，涉及的知识面也越来越宽广，这些单凭一人的能力是无法完成的，需要教师间加强合作，共同探讨，相互借鉴，才能给学生的学习以有效的指导。

2. 教师间的合作与交往的障碍

（1）教师文化的封闭性制约教师间的合作与交往。在现代课堂教学中，每个教师都拥有独立的地位，都可以独立自主地处理自己的教学事务，不欢迎他人干涉自己的课堂教学，也不愿意去干预别人的课堂，恪守“互不干涉”的原则常常搞“单干”，教学具有较明显的封闭性。有的教师凭借自己的多年教学经验积累，曾取得过突出成绩，便视自己的那点经验为法宝，轻易不与其他教师交流。有的重点班教师尤甚，担心其他教师的进步取代了他的位置，这样的结果严重阻碍了学校优质资源的推广与交流，阻碍了教师水平的提高和学校师资队伍的建设，阻碍了学校教学管理健康有序发展。

有的教师面对教育改革，害怕由于变化而打乱原有的经验流程，于是只求稳定，不求革新。教师团体的保守行为给学校整体的教育蒙上了保守的色彩，教育改革因而难以真正落实。

（2）教师的个性因素制约教师间的合作与交往。不同教师存在个性差异，人生阅历也不尽相同。有些教师的不良个性心理品质，会影响到同事间的和谐相处和工作上正常的交往合作。如有的教师自我意识极强，只关注自己的利益和兴趣，忽视他人的利益；有些教师对集体工作缺乏责任感，或置身于集体之外，采取一切手段处处想获得自己的利益和好处；有些教师自视清高，看低他人，自命不凡，固执己见；有些教师多疑，对人冷漠，孤僻，不合群；有的教师嫉妒心强，好贬低他人，抬高自己，甚至中伤他人或暗中做手脚给他人设置障碍；有些教师热衷

于搞人际关系，想方设法巴结领导挤兑同事等。不言而喻，具有不良个性品质的教师与他人相处时，往往导致人际关系紧张、甚至崩溃，更不要说有效进行合作。

(3) 学校教师评价制度制约教师间合作与交往。目前，基础教育改革涉及许多方面，如教师评价制度改革。有的学校教师评价制度过于注重对教师教学成绩的考评，甚至推行更严格的教育工作绩效量化考评，实行末位淘汰制、末位转岗制等。只注重结果，不注重过程，严重影响了教师间的团结合作。这种评价制度不利于教师间的相互帮助、交流合作，不利于教师间形成坦诚热烈的学术氛围。

3. 教师间的合作与交往的方式

教师之间的合作和交往主要有如下两种方式：教师之间的教学合作及班级管理中班主任和任课教师的合作。

(1) 教师的教学合作

①集体备课，共同研讨教材。集体备课是同学科教师间重要的教学合作与交流形式。以教研组为单位，组织教师开展集体研读课程标准和教材、分析学情、制定学科教学计划、分解备课任务、审定备课提纲、反馈教学信息和编制针对性练习题等系列活动。教师根据课程标准的要求和教材特点，结合学生的实际情况，选择最科学的教法和程序，为进行有效课堂教学做好充分准备。基本做到“六统一”，即统一进度，统一教学目的，统一每一节课授课的共性内容，统一重难点，统一作业，统一考查。集体备课就是为了充分发挥集体智慧，博采众长，真正实现资源共享，使教师能从整体上驾驭教材，提高课堂教学效果。实行集体备课，加强教师间的合作与交流，相互借鉴，共同提高，但也不排斥个

人的革新与创新，教师可以根据自己的教学风格、不同的教学对象，自己对教学理论、教学方法、教学内容的理解，在集体备课的基础上，进行二次备课，使教案更具有个性化。

②新老教师传帮带。新、老教师结对，以促进新教师快速成长，提高学校师资整体水平，更好利用教学经验丰富的教师的教学优势，充分发挥老教师对新教师的教学指导作用，采取“青蓝结对”的方法，实现新老教师的交流与合作，以老带新，以新促老，谋求新老教师业务水平的共同提高。老教师要从学科知识、组织教学、课堂管理、教态仪容、备课写教案以及板书设计等方面对新教师，进行具体指导，使新教师尽快走进课堂。新教师要态度诚恳，虚心向老教师请教，认真听取老教师的意见，积极改进教学，对老教师指出的问题争取不要重犯。认真思考，主动总结教学得失，书写教学反思，并虚心与老教师交流，得到他们的帮助与指导，早日成长为合格称职的教师。

③相互听课，扬长避短。教师间相互听课，促进教师间的教学交流。学校可在每个学期，组织举行学科内教师的讲课、听课、评课活动，在活动中，不管是老教师还是新教师都将会积极认真地备课，力争把课上到最好，老师们得把自己多年的教学经验和教学技艺倾情奉献。倡导老教师的课堂开放，倡导教师不同学科间听课。在相互听课、评课的活动中，互相学习、借鉴和交流，共同取得进步和提高。

除了学校组织的听课活动，教师们还可以自发地、主动地向其他教师要求听课，通过听课及课后双方的交流，以引起个人对教学的思考，对比个人教学行为来调整个人短期的教学思路，少走弯路，更好地上好自己的课，给学生更加有效的指导，促进学生课业水平和智力的提高。

教师通过相互听课，相互学习借鉴，不仅学习别人的教学经验和课堂教学艺术，提高教学水平，还会学习别人的敬业精神、工作态度，感悟别人对教学的理解与认识，深层提高个人的教师素养。

④经验交流和资源共享。每一个教师都拥有一定数量的教学参考资料，如课件、论文、教案、试题、视音频及其他各方面的教学素材，也有一定的获取资料渠道。每一位教师都有一定的教学经验积累和对教材教学的独立思考，这些对每个教师来说都是宝贵的财富。如果教师们能够将个人的教学经验、教学思考与他人交流，会使更多的教师获取更多的经验和思考，个人也会在奉献中收获他人的经验与智慧，还能赢得他人的理解与尊重。

(2) 班级管理中班主任和任课教师的合作。班级是学校对学生实施教育影响的基本单位，是学生集体的基层组织。班主任是学校派到这一集体的主要组织者、领导者和教育者，是实施学校教育及教学活动的主要执行者，是对学生进行思想品德教育的骨干。在学校里，班主任是联系班级任课教师的纽带，是沟通学校和家庭、社会的桥梁。教育是一项系统工程，在学校教育活动中，只有班主任、任课教师以及学校各部门的密切配合、互相支持，才能收到最佳的教育效果，达到教书育人的目的。没有任课教师参与的班级管理是不完美的、不和谐的。班主任要全面了解并掌握学生情况并及时与任课教师沟通，邀请任课教师参与制定班级工作计划，参与个别学生的教育指导工作，协调学生与任课教师的关系，建立和谐的、团结的、融洽的师生关系，共享教育的快乐。

任课教师要主动通过班主任了解自己授课班的工作计划、活动安排和学生对自己的意见、期待和要求，有的放矢地及时调整教学方案、优化教育教学方法等。在教学过程中，任课教师还应主动、及时向班主任反映学生思想、学习、纪律等方面的情况，这种反映既不是矛盾和问题的转交，也不是“告状”，更不是不负责任地将犯错误的学生交给班主任处理，而是反映学生中存在的消极的、不利于学生健康成长的行为，以期及时得到纠正，防患于未然，促使学生健康成长。

（三） 教师与家长的沟通交往

1. 教师与家长沟通交往的必要性

教师和家长是对学生生活和成长过程影响最大的人，在学生的成长过程中他们扮演着重要的角色。在家庭里，家长对学生有更多的关心、接触和了解，家长与孩子沟通交流的方式方法、家长的言行举止以及处事的态度、甚至夫妻感情等都会深刻而长远地影响孩子性格的形成，影响着孩子的健康成长和未来发展。学校培养学生，贯彻教育方针、实现教育目标，需要各种教育资源优化组合，各种教育力量协调配合，尤其是家长的配合。教师与家长的关系如何，合作沟通的程度，直接影响到教育的效果。共同的教育目标，要求教师和家长加强沟通与合作交往。

首先，从促进学生身心发展的角度看，教师与家长扮演着相同的角色，共同担负着促进学生健康成长的重任。其次，在人格教育方面，学校和家庭是天然的伙伴，因为青少年人格形成最关键、最具可塑性的时期是在家庭生活和学校生活中度过的。再次，在培养学生长大成才方面，尽管教师和家长的教育出发点不同，发挥作用的场所不同，但最终目的都是为了促进孩子的身心健康发展。教师与家长之间的良好关系，可以增进学校与家庭之间的相互了解和信任，优化教育环境，扩大学校教育影响的范围。教师与家长的沟通合作，有利于教师与家长交换信息，了解情况，优势互补，优化教育方法和教育过程；还有利于纠正家长的一些错误的价值观念和对学生的不当要求和做法，同时教师与家长

之间良好的人际关系，也为学生树立了一个人际交往的榜样。总之，教师和家长良好的交往，一方面实现了家长望子成龙的愿望，另一方面也实现了教师的职业成就，从而取得“双赢”的效果。

2. 教师与家长沟通交往的障碍

学校教育离不开家庭、社会与学校的广泛沟通和密切合作。影响教师与家长有效沟通合作的原因是多方面的，概括起来有以下几个方面：

（1）教师与家长教育价值观的不同。教师的教育价值观是一种社会取向的价值观，面向全班每一个学生，按照社会的要求培养符合社会发展需要的各种人才，是建立在对学生身心发展规律的科学认识的基础上应以公正、公平的教育态度关注每一个具有不同个性学生的全面健康发展。而家长的教育价值观是个人取向的价值观，教育是建立在个人取向的教育价值观和由血缘关系所决定的情感基础之上，关注的是自家孩子的成长，把自己的孩子培养成一个能为家庭做贡献的人，具有明显的情绪性、偏私性的情感色彩。教师与家长教育价值观的不同，直接导致对学生发展期望值的不同。教师根据全班每个学生的特点，对每个学生都寄予期望，其期望值是现实的、理性的，符合社会对各层次人才的需求。而家长面对的只是自己的孩子，“望子成龙”是每个家长的期待，“光宗耀祖”是大多数家长的教育价值取向。二者之间的差异容易造成学校教育和家庭期待之间的矛盾冲突，不利学生健康成长。

（2）教师与家长责任的冲突。在培养学生方面，教师和家长是两个不同的角色担负着不同的教育责任，在不同的环境里发挥不同的作用，应该是相互沟通、相互弥补，还应该是协调一致的。家长对孩子的教育责任是与生俱来的，家长负责任的只是自己的孩子，希望自己的孩子有一个好的学习环境、好的学习成绩和好的发展，和教师的责任相比是相对狭隘的、具有自私性的一面。为了配合学校教育，家长不仅要为孩子提供吃、穿、住、行等经济担保，还应该尽量给孩子创造良好的身心成长环境，包括孩子的学习环境。学生回家后，家长有责任督促学生保质保量地完成老师布置的作业等必要的学习。把学生的学习认为完全是学生在学校的事情和教师的责任是不正确的。

学校教育，教师教书育人是面对全体学生，不仅关注学生的学业进步，智力的开发，还要关注每一个学生在品德、体质、人格等各方面都得到健康发展。教师不可能为了迎合个别家长的要求，过分偏爱甚至偏袒某一个学生，这就有可能引起个别家长的不理解，产生误会或矛盾。

（3）教师与家长相互期望的冲突。教师和学生家长的交往中，总是存在着教育愿望的相互期待，寄予对方一定的希望，希望对方多给与自己一些支持和帮助。家长从家庭利益出发，期望教师能够对自己的孩子给予更多的关照，使自己的孩子有更明显的进步，更好的发展。而教师则从职业责任感出发，更多的是关注全班每一个学生的全面发展，不会将精力长期专注于某一人，期望家长能够对自己的工作给予更多的理解和支持。如果教师与家长的双方期待不对等，对对方期待过高，或对方不能实现自己的期待，就可能产生误解甚至矛盾。如果不能够及时沟通，将会影响工作的热情和对对方期待的投入，影响到教育的效果，也会影响相互信任。

3. 教师与家长沟通交往的技巧

教师与家长的合作，是围绕学生在学校的教育而发生的。作为教师应首先注意以下问题：

（1）充分了解学生。教师与家长交往时，要事先了解学生的情况、在校表现，如：学习成绩、性格特点、特长和爱好、优点和缺点、同学关系等。在谈及学生的发展情况时就比较具体，不会笼统地泛泛而谈，对没把握和不准确的情况不要随便说。让家长感到教师对学生的关心和重视，感觉到教师工作的细致、认真和负责。

（2）对学生的评价要客观而全面，既要肯定学生的优点与进步，也要真诚地提出不足及解决的办法。在谈到学生的缺点时，要根据具体情况区别对待，说话轻重要有分寸，与熟悉的家长可以说得直率一些。而有些家长自尊心较强，会把谈学生的缺点视为对自己的批评而感到有压力，这时就要说得委婉一些。注意家长的心理承受程度，同时也表达对家长心情的理解，坦诚地与家长交流，以期达到共同解决学生问题的目的。

（3）要了解学生的家庭情况，不同的家庭和家长对学生的影响是不一样的。要根据实际情况灵活地与不同的家长进行交往与沟通。如：有的家长素质比较高，就可以比较坦率地将学生在校的表现如实地向家长反映，并主动征求教育学生的措施，倾听他们的意见和适时提出自己的想法，共同做好学生的教育工作。有的家长比较溺爱孩子，教师就要首先肯定其孩子的长处，给予真挚的赞赏和肯定，然后再用婉转的方法指出其不足之处，诚恳而耐心地说服家长采取更科学的方式方法教育学生。对于那些对孩子放任不管，把责任推给学校和老师的家长，就要有策略地指出他们这样做对学生成长的危害，期望家长改变做法，让他们主动参与到教育学生的行动中来，主动关心孩子并与子女沟通，与学校沟通，为学生发展营造一个良好的家庭氛围，配合教师做好学生的教育工作。对于后进生或是认为自己管不了孩子的家长，教师既要做好学生的说服教育工作，帮助他们分析原因，指导方法，提高学习兴趣，扭转学习差的局面。同时也要帮助家长寻找原因，发掘学生的闪光点和特长，重新燃起家长对学生的希望，重塑信心，以便配合教师共同做好教育学生的工作。对有些不太讲理的家长，特别是有些家长会提出一些不符合教育行为及规律的观点和要求，或是不理解学校的一些工作安排，遇到这种情况时教师首先要沉住气，并对家长的这种心情表示理解，先听家长说完，等家长发完脾气和牢骚，然后再耐心地以平静的语气向家长解释、分析事情的利弊和对错，以理服人并体现出自己的宽容大度，赢得家长的好感，从而得到家长对学校教育工作的理解和支持。

教师与家长沟通，实际情况是复杂的，因为教师面对的家长众多，而且水平不一，性格各异。但家长都会期待自己的孩子成人成才，对老师有很高的期望，因此教师与家长的交往应注意方法、策略。

三、教学管理

教学管理是管理者通过一定的管理手段，使教学活动达到学校既定的人才培养目标的过程。课堂管理的核心目的在于：①维持课堂秩序：避免或者消除影响班级同学有序学习的事件，保证课堂教学得以有序进行；②促进课堂合作：通过合作学习凝聚班级合力，在整体上提高学生的学习效率。教师在课堂中的任何管理行为，都必须服务于课堂管理目的。

（一）“平等者中的首席”的管理能力

在课堂上，教师是平等者中的首席。

“平等”是指平等地看待学生，尊重学生的人格和意见，尊重学生的差异。对学生不成熟的意见或奇怪的想法甚至错误的想法能理解、宽容和适度引导。能换位思考，充分了解学生的需要和心态，明白教师所做的一切是为了学生的求知和全面发展，及时肯定学生任何微小的进步①。

“首席”是指教师的思维深度、专业素养和人生经验等都要高于学生。教师对学生的成长负有道义上的责任，无论是教学目标的确立还是教学活动的组织，都体现了教师的价值取向。教师的“首席”地位主要

①林进辉．想这样“做”学校文化，行吗？新课程．2009（5）

表现为以下两个方面。

1. 专业素养方面

要求教师学识渊博，专业过硬。很难想象，一个知识面不广、学科知识基础不过硬的老师，能给学生创设出真正适于每个学生发展的学习情境。教师善于倾听，适时引导，特别是对有争议而需要引导的话题，要尽量避免以真理的自居者或是非的仲裁者来发表最高指示。在认真倾听了各种不同意见之后，教师可以适时为学生提供更宽阔的思路、更广阔的视野、更丰富的选择。

【案例】"燃烧和灭火"教学片断

探究燃烧需要的条件

（一）学生讨论：燃烧需要什么条件？你的依据是什么？

……

（二）分组实验

屏幕展示：实验探究：燃烧的三个条件是否缺一不可？

……

（三）表达与交流

小组1：以可燃物为变量，将木炭、石块同时放在火上燃烧，木炭燃着了，石块没有燃烧。结论是，燃烧需要有可燃物。

小组2：我们小组把助燃物作为变量，首先，分别点燃2支蜡烛，然后用集气瓶罩住其中一支，被集气瓶罩住的蜡烛慢慢熄灭，另一支在空气中没有熄灭。所以，我们的结论是：燃烧需要助燃物。

师：非常好！用词非常准确。探究同一个问题的其他小组有没有补

充呢？

小组 3（补充）：我们组将罩过蜡烛的集气瓶，再罩另一支燃烧的蜡烛，另一支蜡烛很快熄灭。

师：你能不能说说为什么？

小组 3：因为集气瓶中含有二氧化碳。

师（提示）：燃烧的这几个条件中，哪个满足得不好呢？

小组 3：是助燃物。

师：很好，我们这两个小组的同学互相补充，使得探究助燃物这个非常简单的实验有了一个很好的发展，控制变量有了阶段性。他们将燃着的蜡烛分别置于不同量的助燃物中，对比实验现象。在充足的空气环境当中，蜡烛持续燃烧；扣上集气瓶，不太充足的氧气，蜡烛缓慢熄灭；几乎消耗完了氧气的集气瓶马上罩在燃着的蜡烛上，蜡烛立刻熄灭。这是一个很有层次的探究……

认真品味上述教学环节，当学生完整地回答出燃烧需要可燃物、氧气、着火点时，教师并未就此罢休，而是舍得花时间让更多的小组发表观点，并通过追问与点拨将学生引向了思维深处，特别是对小组 3 的学生的点拨与小结性发言，充满了教学智慧。

2. 情感方面

教师是最重要的课程资源之一，教师要以自己积极的情感去感染学生。在合作学习中，教师是首席，学生有发言权，双方都应该得到尊重。教师要为学生做出示范，并通过引导与强化使学生通过仿效、练习获得合作技能，真正做到“学会倾听”。教师的引导价值在于：创设和谐情境，促进合作学习，鼓励积极参与。在生与生、师与生的平等对话中，进行心灵的交流、思想的碰撞。

【案例】“垃圾的妥善处理与利用”教学片段

在讨论垃圾的无害化处理时，有同学提出，焚烧垃圾会产生有害的气体，怎么解决这个问题？

学生1：我在电视节目中看到，欧洲一些国家建立专门的垃圾焚烧厂，充分利用焚烧垃圾时产生的热量，可用于发电，也可用于取暖。

学生2：美国对垃圾的处理是养蚯蚓，这种蚯蚓会吃掉垃圾中的许多有害物质，然后排泄出可以改善土壤结构的物质。

师：我很受震动，同学们的知识面很宽，这两位同学刚才所举之例，让我也增长了知识。大家可以体会得到，教材中并没有这些资源，如果我们的课堂仅仅依赖于教师的讲解，上述资源我们是无法共享的。

上述教学片段启示我们：现代信息时代，学生获得的信息量大，甚至在某个方面长于教师，是非常可能的，也是正常的事情。这就要求教师要有豁达的心态，“学会倾听”并悦纳学生的不同观点。同时提醒我们，21世纪的中学教师的知识仅如一桶水是不够的，应该是一条常流常新的小河，一枚可以充电的电池，不断充实自己，发挥更多的光和热。

准确定位“平等者中的首席”，应避免两种极端现象的出现。

(1) 放任不管。持这种观点的教师认为，既然师生是平等的，那就应该让学生完全自由地发挥。以至于课堂表面热闹而无法深入，参与面广而无主题。

(2) 过分控制。过分强调教师是“平等”中的“首席”，对课堂教学进行垄断，取代学生在学习中的主体地位。在貌似平等的交流中，千

方百计地诱导学生猜测，牵着学生的鼻子进入预设的答案。

（二） 制定课堂规则

新课程背景下，班级集中学习纪律管理的含义不再仅仅是应付混乱、维持秩序以及教师对学生错误行为的管教，更主要的是建设并形成良好的教室气氛，培养学生良好的纪律习惯[①]。

让·皮亚杰曾经说过，外部制约强加给学生的纪律停留在学生的精神之外，基于相互尊重和合作的纪律才能植根于学生的心灵。因此，让学生主动维护良好的课堂纪律的首要途径是同学生一起制定纪律。它可使学生明白一个道理：纪律不是老师希望的做法，而是达到一个目标（使课堂安全、愉快、高效等等）所必须的。

每学期教师上课的开场白，都要为学生提出课堂要求，绝大多数的课堂要求都是禁止学生在自己的课堂上做什么，但却很少告诉学生在课堂上究竟应该怎么做。这就需要让学生明白，课堂就是一个小社会，一个大家庭，也需要纪律。纪律能帮助我们友好相处并有一个愉快的课堂生活。并从道德上呼吁学生遵守互惠的行为准则，承诺在更多方面尊重学生，也要求学生以同样的方式对待老师。

【案例】一位老师的开场白——学会倾听，互相尊重

某教师在第一堂课的讲话片段：各位同学，很高兴能与大家共同步入神奇的化学世界。为了保证高效的学习得以实现。我提两点建议：（1）记得一位名师曾经说过，课堂上，无论哪个同学发言，我决不轻易

①周健，程蔺萍主编．教师如何上好课［M］．天津：天津教育出版社，2009

打断你的讲话，认真倾听。反之，我在讲课时，请不要随便打断我的思路。这是人与人之间相互尊重的具体体现。今天，我把这句话转赠给大家。我们共勉！(2) 请大家及时完成作业，并于第二天上交。我一定做到认真全批全改，并保证在作业上交的第二天将作业返回。我们互相监督！

班级集中学习纪律管理的原则是：

(1) 尊重学生人格，尊重学生自尊心；严格要求学生遵守纪律与尊重学生人格相结合。

(2) 以学生自我控制为主，外加的他控为辅；以他控为始，实现自控为终。

(3) 以积极的指导为主，消极的强制性管理为辅。积极的纪律教育强调告诉学生应该怎样做，注意发展学生的个性和创造精神；消极的强制性纪律一味用“不许”、“不准”约束学生，在一定程度上压抑了学生的主动性和创造精神。

(4) 培养良好的纪律行为为主，惩罚不良行为为辅。在必须使用惩罚时，要反对体罚和变相体罚，反对苛刻的、恶意的和侮辱性的惩戒方式，也反对讽刺、挖苦、嘲笑和恐吓①。针对纪律的一个道德教育方法是把纪律当成培养尊重和责任的工具，这种方法抓住了纪律的终极目标：自我约束——这种基于自愿服从的自我控制同规则和法律一起是成熟品格的标志，也是文明社会对它的成员所要求的。没有道德教育的纪律仅仅是一种对大众的控制——没有道德教育的管理行为②。

①周健，程蔺萍主编．教师如何上好课［M］．天津：天津教育出版社，2009

②［美］托马斯·里克纳著，刘冰、董晓航、邓海平译：美式课堂 品质教育学校方略．海口：海南出版社，2001

（三） 课堂偶发事件处理

课堂偶发事件主要包括两大类：(1) 课堂纪律突发事件；(2) 与课前预设冲突事件。

大多数学生不喜欢总是责备的教师。教师对学生在班级集体学习上的错误行为，如果采取训斥、辱骂等方式，往往于事无补，徒然增加教师的焦虑与气愤。解决同一个问题的方法往往有多种。换一种思维方式思考，也许能找到一种新的方法，就可能“出奇制胜”，有意想不到的收获。

【案例】

2001年秋季的一个下午，我正在初三（8）班上化学课，窗外同时在举行新生军训结业典礼，气氛热烈，课堂顿时骚动起来。我首先讲了一个老和尚、小和尚关于“树在动”还是“心在动”的故事，然后与学生协商，现在外面很吵闹，我们怎样共同努力完成课堂活动。有两种方法供大家选择，其一，关闭门窗，但如果你心不在焉，仍然没有学习效果；其二，门窗大开，只要你用心学习，则外面的声音再大，也无法干扰我们，我也会尽力把课上得更精彩。

学生选择了后者，我趁热打铁激励大家，我们就把这堂课作为一个实验，看实验的效果如何？……这一堂课，学生反而更加积极参与课堂活动，效果很好。

课堂教学中出现意外是正常的。能否处理好突发事件，关键在于教师能否做到“猝然临之而不惊，无故加之而不怒”。只有“沉着”，才能

“应战”，才能将被动局面扭转。这是教师的基本功的重要内容之一。

对课堂纪律突发事件的处理原则：

（1）预防，尽可能地消除出现问题的条件；

（2）区分，确定问题是否对学习有害；

（3）及时，给予必要的行为矫正；

（4）得当，处理时尽量减少不良影响。

任何时候，教师对学生的管理行为，都要回到实施管理行为的目的上来。教师不能陷入管理行为的是非之中，即使如此，也必须从课堂管理目的出发，让自己尽快脱身出来。

课堂中的许多突发事件，是课程的资源。尤其是在化学实验课上，影响化学实验的因素是多元的，除了常有的“异常现象”、稍纵即逝的“短暂现象”等出现之外，失败的几率相对也比较高。有些演示实验，在课堂上意外地失败了。教师对情况处理得当与否，很大程度反映了教师思想观念的新旧与应变能力的高下。

【案例】

在“燃烧与缓慢氧化”教学中，教师演示实验出现了意外情况，实验时，铜片上的白磷剧烈地燃烧起来（此时，红磷没有燃烧），但是，白磷燃烧的火花溅落在红磷上，引燃了红磷。怎么办？是指鹿为马，还是强调客观原因，掩饰实验的失误，或者是直面实验的失误，探究失误的原因。我选择了后者，指着还在燃烧的红磷说：“城门失火，殃及池鱼。”并检讨了自己在实验中存在问题，然后，及时组织学生探究失误的原因，学生的热情很高，纷纷献计献策，有的说，白磷的用量再少一些；有的说，使用更大的烧杯，白磷与红磷的距离远一些；有的说，白磷燃烧后，立即用小烧杯将红磷罩上，课堂气氛达到了高潮。

在这堂课中，面对实验失败的尴尬，教师没有回避，而是把实验的失误当作一种教学资源，引导学生从药品用量、反应条件、装置的改进等方面提出改进的方法。既培养了学生尊重客观事实的科学态度，又提高了学生探究问题、设计实验的能力，从而体现了在课堂中教师是平等者中的首席、师生共同成长的新课程理念。

新课程标准认为，课堂教学不应当是一个封闭的系统，也不应拘泥于预先设定的固定不变的程式。预设的教案在实施过程中需要开放的纳入直接经验和弹性灵活的成分，不能让活人围着死的教材转，要鼓励师生互动中的即兴创造超越目标既定的要求①。

【案例】《燃烧与缓慢氧化》教学

在得出了燃烧的条件之后，为了巩固对燃烧条件的认识，我接着问："要使白磷在水中燃烧起来，该怎么办?"一位学生马上回答："向水中吹气。"我点头说："好，你能不能上来试一试?"该学生上台用导气管向水中的白磷吹气，白磷没有燃烧，他有些懊丧地下去了。见此情景，我肯定了这位同学的勇气，并要求其他同学一起来解决问题。这时，有学生说："老师，应该向水中通氧气。"我说："化学是实验的科学，只有实验才是最高法庭。你的想法是否正确，得用实验来加以证实。"并拿出事先准备好的制氧装置，向水中通氧气，只见水中出现因白磷燃烧而产生的火花，非常有趣。学生们非常激动，情不自禁地热烈鼓掌，课堂教学达到了高潮。

实验过后，我并未就此罢休，而是提出问题："通过导气管用嘴向水中吹气，为什么不能使白磷燃烧?"仍然请刚刚上台吹气的学生回答，

①李瑾瑜，柳德玉，牛震乾主编. 课程改革与教师角色转换. 北京：中国人事出版社，2002

在其他同学的提示下，该同学应用生物学知识找到了原因，答道“从嘴里吹出的气体大部分是二氧化碳，它不能支持白磷燃烧。”我接着说：“我非常高兴地看到了你的进步！”我注意到这位同学的表情，他的眼中又充满了自信。

本节课，按照我的预计，提出问题后，学生会很快回答通入氧气，教学程序能顺利地按课前的预设进行。但课堂是复杂多变的……

长期以来，传统教学过分强调预设和封闭，其典型表现就是以教案为本位，实行过度严谨的计划教学，每一节课的内容和进程都具体地甚至按时间顺序分解在教案中，课堂教学就像计算机输出规定程序一样，是教案的展开过程。这种以教案为本位的教学是一种封闭性的教学，它使课堂教学变得机械，沉闷和程式化，缺乏生气和乐趣，缺乏对智慧的挑战和对好奇心的刺激，使师生的生命力在课堂中得不到充分发挥。当然，我们强调课堂教学的生成性，并不是否认教学设计的严密性。相反，认真备课，充分考虑课堂中可能出现的种种情况，才能在出现意外时，处变不惊，应付自如。面对课堂上的突发事件，教师应平心静气地面对，充分发挥自身的教育机智，灵活巧妙地加以利用，使其成为新的教育教学资源。

（四）教学时间管理

课堂时间管理是教师的基本教学技能之一。课堂时间管理就是对课堂教学中单位时间的管理，包括时间的分配、时间的利用等。其本质是教师对教学时间的管理。其关键在于教师如何依据学生的个体差异，促使每个学生都享有足够的“用功时间”（即布卢姆所说的学生集中注意

力进行认知建构的重要时间段）顺利完成学习任务。

在一堂课中，教师、学生的活动是多样的，要达到的活动目标是有主次的，在时间的分配上则应有多有少，要使学习的量与时间相匹配，不可按习惯或兴致行事。

【案例】碘的性质

引入新课 [屏幕展示]

秀丽的庐山风光背景下，长发飘飘的李白翩然而至，同时美妙的音乐响起。

师：美妙吧！

生（齐答）：美！

师：知道画面上播放的是什么地方的风光吗？翩然而至的人物是谁？

生 1：好像是庐山的三叠泉，是李白。

师：很好！正是庐山风光，正是大诗人李白。掌声鼓励！

生（齐鼓掌）

师：让我们一起来朗读李白诗《望庐山瀑布》。

生（齐读）

日照香炉生紫烟，遥看瀑布挂前川。

飞流直下三千尺，疑是银河落九天。

师（满怀深情）：同学们，一千多年前，伟大的浪漫主义诗人李白游历庐山，被秀丽的庐山风光所吸引，盘桓多日，陶醉其中，写下了这首脍炙人口、千古传诵的诗篇。今天，我也来做一个“生紫烟”的实验。

师：同学们，请看“生紫烟”实验。

演示实验：在烧杯中放入研碎的碘和锌的混合物（质量比为

1∶10)，把水滴入其中。

现象：看到美丽的紫烟形成。(至此，上课时间已过去8分钟)。

上述新课引入，虽然画面优美、气氛热烈，但是教学情境与教学的发展无关，与本节课学习的主题无关。绕了一大圈（用时8分钟）才点出了学习的主题。显然，导言过长，颇有“喧宾夺主”之势。这样的教学时间分配是不合理的。

因此，必须把握好课堂时间管理的要旨：

（1）更新教学时间管理理念，明确课堂教学时间和教学质量不成正比。

（2）合理分配既定教学时间，把握课堂教学节奏，充分地利用学生的“用功时间”。

（3）尊重学生的学习能力差异，因材施教，减少在同步教学中因学生的个体差异而造成时间无谓的消耗。

（4）努力提高自身的教学水平，减少时间无谓的消耗，延长学生乐于学习的时间。

就一节课来说，既要有备课时对时间的合理安排，课堂教学中，又要能依据教学实际灵活调整。根据教师的教学风格、学生的学习基础等情况，不必过于拘泥教学进度的完全统一。

【案例】

吴老师认为，课堂的节奏适度很重要。作为一名教师对课堂节奏的把握决定着课堂上学生参与的程度。他在课堂上遵循一个原则，那就是尽量让学生闲下来的时间少一些，比如板书的时间不能过长，一些课前能做好的事情就尽量在课前准备好，需要板书多的地方事先写在小黑板上，上课的时候出示一下即可。另外，节奏太快，一味追赶进度，不给

学生留下思考的空间也是虚假的效率。他同时强调，在课堂上，最重要的是要抓住教学目标。应防止出现完全被学生牵着走的现象，对那些与本节课教学目标无关的问题，可以先搁置，而学生提出的问题有利于本节课目标的达成，就可以纳入讨论的范畴。

吴老师在课堂上以好脾气自居。他说自己从来不会用强迫或体罚的方式要求学生学习，如果发现有的学生疲劳了，会允许学生趴在桌子上休息一小会儿；有时他还会抽出一小会儿带着全体学生做从飞机上学来的椅子操。有一次，吴老师正在上课，外面突然下起了大暴雨，学生的好奇心被牵动了，许多学生向外张望。此情此景下，他觉得强迫学生回来效果一定不好。于是，吴老师说，你们要看，我给你们一分钟，看完后，课后给我谈谈观雨的感受。吴老师让学生看了一分钟的暴雨，一分钟以后，学生的注意力再也没有跑过。因为学生既感受到了老师对他们的理解，也体会到了老师对他们的期待①。

在课堂上，与其花 5 分钟去批评学生，不如花 1 分钟去融洽师生关系，在民主、平等、融洽的课堂气氛中，教与学才是愉快的事情。才能让更多的学生享有足够的“用功时间”顺利完成学习任务。

实施新课程以来，广大教师大胆实践，积极开展探究教学。然而，在课堂上组织探究学习费时费力，与教学任务的完成的矛盾始终困扰着一线教师。如何做好实验探究教学的时间管理呢？一般可以分为三个时段。

(1) 实验前的准备。包括两个方面，课前，将分组实验所用的仪器和药品准备齐全，避免实验时手忙脚乱，浪费时间。课前，对学生进入实验的必备知识提出要求，安排学生预习准备，以确保实验的顺利

①赵小雅．三尺讲台书写精彩情节［N］．中国教育报，2004

进行。

（2）课堂上的安排。①强调实验目的，交代实验要点，确保分组实验的有效性。②给予学生充足的分组实验时间。一方面，教师要对学生的实验积极指导，发现问题随时加以解决；另一方面，要及时捕捉实验过程中生成的课程资源，关注学生小组实验的差异。

（3）实验后的分享。要留下足够的时间用于表达交流，确保分组实验的效果延伸。在表达交流环节，教师要组织好学生认真倾听，大胆发言，对实验出现意外的小组，要给学生提供机会，充分利用学生实验的差异，引发学生思维的碰撞，擦出智慧的火花。同时，引导全班同学分析实验的得失，教育学生要尊重实验事实，培养学生的科学精神。

【案例】“燃烧与灭火”教学片段

探究燃烧的条件

[分组实验] ……

[表达交流]

师：同学们，我们总共是 6 组实验，实验成功的有 5 个小组。首先，我们让成功的小组代表发言。

生 1：把白磷放在热水中用试管罩住，白磷燃烧起来；把白磷放在冷水中用试管罩住，白磷没有燃烧。

师：说得很好，谢谢你！现在，我们请这个小组的同学说一说（走向实验失败的小组）。

生 2：我们小组的实验没有成功，是因为实验步骤错了，在热水中兑了凉水。

师：虽然你们的实验没有成功，但是，你们能及时反思实验失败的原因，难能可贵。现在请各小组讨论一下，实验现象能说明什么？

（学生分小组讨论）。讨论后，继续交流。

生 3：刚才那个小组之所以没有成功，是因为在热水中兑了凉水，温度降低了。我们小组实验用水的温度肯定比他们的高，所以，他们没有成功而我们成功了。说明物质燃烧需要达到一定的温度。

师：同学们，他回答得好不好？

生（齐答）：好。

师：给点掌声。（学生热烈鼓掌）

生 3：当试管没有套住白磷时，因为白磷没有接触空气，所以不能燃烧……这个实验说明了燃烧还需要氧气。

在这个教学环节中，教师在时间安排上详略得当。采用“引导探究法”，明确地告诉学生实验的步骤及要点，保证了多数小组实验的成功。舍得把时间花在实验结束后，对实验结果的分析上。避免了“轻易滑过”，组织引导学生充分挖掘实验的价值与内涵，并且能够将学生实验的失败转化为宝贵的课程资源，使学生在分析成败得失的过程中获得新知，思维能力得到发展，课堂氛围达到了一个高潮。教师准确地把握了自身的角色，是学生学习的组织者、引导者、欣赏者、激励者，学生始终是学习的主体，学习的热情与欲望被激发出来了，思维被激活了，保证了学生享有足够的“用功时间”顺利完成学习任务。

（五） 课堂人际关系管理

课堂人际关系主要包括师生关系、生生关系。师生关系是教育过程中人与人之间最基本的、最重要的关系。课堂应该是充满温暖，师生之间彼此熟悉、相互接纳、安全轻松的学习场所。

1. 课堂人际关系的几种类型

（1）师生关系紧张。教师对课堂控制过紧，师生关系紧张，学生处于高度紧张状态，思维受到抑制，导致创新意识丧失。然而，在课堂外，背着老师，学生却有另外的议论，“老师总是提问那几个学习成绩好的”，“老师从来不给我好脸色”等。

（2）师生关系松弛。在课堂管理上，教师采用“放羊式”，过于放松。学生纪律松弛，课堂表面很活跃，其实大多数学生在瞎起哄。常见的现象为：某学生起立回答问题，其他学生或者漠不关心，或者嘘声一片。背着老师，学生却有另外的议论。“老师真不负责，从来不管纪律”，“老师只管自己讲课，不组织教学，也不管我们是否听明白了”，“某某就是喜欢出风头”等。

（3）师生关系和谐。既有民主又有集中，课堂氛围“活而不乱，紧而不死”，这正是新课程倡导的“民主式”管理模式。教师努力营造宽松、民主、平等、和谐的课堂环境，使学生保持一种开放自由的心态，鼓励学生标新立异，敢于向权威、书本挑战，即使学生的想法和见解不成熟、不严谨，甚至荒唐、离奇，教师也不能以嘲讽、挖苦的语言对待学生表现出的这些缺点和失误。

【案例】“垃圾的妥善处理与利用”教学片段

师：对于没有回收利用价值的垃圾或一时不能进行回收的垃圾，该怎么办？

生1：必须进行无公害化处理。

师：请谈一谈具体的措施。

生 1：把垃圾运到月球上去。（其他学生哗然）

师：你的想法很独特。此时，我倒想起了有些发达国家把垃圾运送到发展中国家，有些人自家清理得很干净，却把垃圾随意倾倒。想一想，上述两种行为是否可取？

生 1（沉思一会儿）：不行。

师：其他同学呢？

生 2：月球是一块净土，虽然我们现在不能前往居住，但是，必须保护月球环境。

学生敢于大胆地说出自己的观点，说明课堂氛围是安全和谐的。面对学生有点荒唐的说法，老师并未嗤之以鼻，而是在给予了较为中性的评价后，抓住学生的错误回答，把它当作一种教学资源来开发，提出了一个启发性的问题，帮助学生认识自己的问题。虽然是一带而过，但却非常自然，使学生在交流对话中受到教育。

2. 构建“民主式”课堂人际关系的措施

（1）善于倾听与交流。每个学生都有自尊，每个人都希望得到别人的尊重。课堂教学中，给每个学生机会，在学生回答问题时，不仅教师认真倾听，而且，要引导与要求其他学生认真倾听。认真倾听既是对发言者的尊重，又是交流对话的前提。

（2）学会理解与宽容。对于腼腆内向的学生，要特别加以呵护。在这些学生回答问题时，可以走下讲台，走近他们，投以信任的目光和微笑，鼓励他们大胆说出自己的观点。对于回答不完善甚至错误的学生，一方面，要教育其他同学不能瞎起哄，尊重每一个人的观点；另一方面，适时启发，给学生再一次机会，尽可能让他们通过自己的努力获得成功，从而树立学习信心。

（3）懂得欣赏与赞美。树立正确的评价观，全面、客观地了解每个学生，将学生的差异视为可挖掘利用的教育资源，善于发现学生的闪光点，并从闪光点入手，改善师生关系，达到“亲其师，信其道”的目的，激发学生的进取心。

【案例】教育随笔：一节让我舒心的化学实验课

整个上午，除了工作，我一直都在为下午的实验课担心。因为，今天是星期五，第六节课后，学校还要组织游泳比赛。

每逢星期五下午，课就比较难上，学生的心已经飞到学校外面去了。这个星期五还特别，因为第六节课后，学校要组织学生游泳比赛，学生的心早已躁动不安了。况且，今天下午的课是组织初三（6）班去化学实验室开展分组实验。这个班的学生向来自律能力较差，平时在教室上课，就有部分学生不遵守纪律，特别是一位叫刘青的男生，学习成绩一般，个子高大，性格豪爽，爱捣乱，在学生中有一定的影响力。去实验室上课，说不定会闹出什么乱子来。想到这么多不利于开展实验课的因素，我的心里不禁有点发毛。

上午，在与初三（6）班的班主任交谈的过程中，我了解到，刘青是游泳比赛的主力。能不能从刘青同学身上寻找突破口呢？

下午，实验课开始前，看到刘青正在实验台前摆弄仪器，我缓缓走到他跟前，轻轻拍了一下他的肩膀说：“听说你要参加游泳比赛？”刘青点了点头，我惊奇地发现他的眼里发出了平时少有的光芒。我上下打量着刘青一番，然后说：“看你这身材，体能一定不错，相信你在比赛中能取得优异的成绩！”听到这话，刘青已经有点感动了，真诚地说了一声：“谢谢老师！”这时，上课铃声响了。整个实验课中，刘青一直很投

入地完成实验。实验课出乎意料地顺利完成了。

每个人都渴望得到别人的肯定与赞美。这个案例告诉我们，改善师生关系，从发现学生的闪光点开始。教师在与学生交往时所采取的态度是决定师生关系发展的关键。

四、 教育教学研究

教育教学研究是教师专业成长的必由之路。苏霍姆林斯基说："如果你想让教育工作给教师带来乐趣，使每天上课不致成为枯燥而单调的义务和程序，那你就要引导教师走上科学的教育研究这条路上来。"

（一） 行动研究

行动研究是目前较流行的、较适合教师进行研究的一种方法。

1. 行动研究的含义

"行动研究"起源于美国，最早由社会心理学家勒温（K. Lewin）提出，此后逐渐为越来越多不同领域的人接受。由于人们研究的视角和关注的重点不同，不同的学者从不同的角度赋予了行动研究不同的含义[①②]。

目前比较公认的说法是"行动研究是指教师对具体教学情境所做的

①戴李敏．论中小学教师开展教育行动研究．基础教育研究，2003，10

②张天宝，王攀峰．论教育的行动研究．中国教育期刊，2001（6）：50～51

一种反思性研究，它旨在解决日常教育、教学中出现的问题，改进教师的教育实践，改进实践得以进行的情境，促进对教育教学活动的理解以及提高教育实践活动的质量。其实质是教师在教育、教学实践中通过行动和研究的结合，创造性地运用教育教学理论，去研究和解决不断变化的教育、教学实践中的具体问题，促进教育、教学工作的合理、科学和有效性，不断提高教育、教学实践的水平质量”。[①]

2．行动研究的特点[②]

教师的行动研究是解决教师的教学行为中的问题而进行的研究，具有以下的特点：

（1）为教学而研究。行动研究是为了解决日常教育教学实践中出现的问题，那么它的目的就是为了解决教学问题，追求的是行为的实践意义，是改进教学工作，提高教学质量。行动研究注重的是问题的解决和方法的可行性，是对具体教学实践行为的改善和研究者理性的思考，而不是理论问题的研究，不像一般教育科研那样注重科学理论的产出。

（2）对教学的研究。行动研究的研究对象是教学实践过程中遇到的实际问题，是教师自己的工作环境，要求教师（即研究者）要深入课堂教学，在自己的教学实际活动中发现问题，提出问题，在具体的教学实践活动中依据需要选题，解决问题的方法必须是在教学实践中实施得到确认且根据具体情况随时调整的。

（3）在教学中研究。行动研究要求人们在教学实践的情境中发现问

①刘知新主编．化学教学论．北京：高等教育出版社．2004：299～300

②同上

题，研究出解决问题的可行方法。行动研究的场所就是教师日常工作的场所，研究者（教师）不能脱离自己的工作环境，发现问题、思考以及解决问题自始至终都是自己的工作环境，是边教学边研究。

3. 如何开展行动研究

行动研究特别强调研究应当根据每一个具体问题来设定计划，并不存在一个统一的模式或步骤。大多数学者都认同行动研究应包括四个相互联系、相互依赖的基本环节：计划、行动、观察和反思。华东师大陈桂生教授认为①：其中“观察”与“反思”应贯穿于行动研究的全过程，“观察”研究全过程中的搜集资料和监察工作；“反思”是对行动效果的思考，并在此基础上计划下一步行动，它是第一个循环圈的终结，又是过渡到另一个螺旋圈的中介，不应作为一个独立的环节。陈桂生教授把“观察”改为“检查”、把“反思”改为“总结”，教师开展行动研究的四个基本环节就是：计划、执行、检查、总结。笔者同意陈桂生教授观点，以此表述行动研究的一般步骤如下：

（1）计划。这一环节是对问题的分析与解决问题的设想。实施有以下步骤：

①发现问题。教师对他自己的教学实践进行反思，发现并列举需要解决的问题，收集这些问题的资料。

②分析问题。对问题首先进行诊断分析，探讨问题的可行性和研究性，然后确立研究课题。在这个过程，教师要弄清楚存在哪些问题？问题的现状如何？研究有什么意义？解决它受哪些因素制约？哪些因素是

---

①柴华丽．行动研究与教师专业发展研究综述．教师教育研究，2007（11）

在自己的能力范围内可以解决的，哪些不能解决？哪些是重要的问题？哪些重要但是自己的能力改变不了的？在自己能解决的能力范围内，哪些问题是自己可以改变的但不重要的？哪些重要但要创造条件才有所改变的？创造什么样的条件？在改变的设想中哪些是比较好的等等，对问题的本质有清晰的认识后，按问题的重要性排序，选取认为最重要的定为研究课题并陈述选择的理由。

③计划方案。确定课题后，拟定解决问题的方案。寻找解决问题的方案可通过阅读文献、书籍或请教专家同行等途径来寻找与问题相似的信息，帮助建立解决问题的方案。在这一过程，自己要清楚对问题了解些什么？解决还需要知道什么？怎样找到这些资料？别人的与自己的问题有哪些相似，哪些可以借鉴，怎么借鉴？哪些不能？在列举的解决途径中，哪一条是最合适的途径？为什么是最适合的？实施时需要什么？能达到什么样的预期的结果？把这些问题考虑清楚，写好计划书。

(2) 行动。按计划实施研究。这一环节是将解决问题的方案用于实际教学，验证其效果看能否改进教学实践。实施时要对行动的全过程进行观察记录，收集有关资料，还要对实践的情境进行不断分析，充分考察现实因素的变化。

(3) 检查。对研究的全过程进行有目的的考察，以获得经验性事实，为下一步研究提供依据。检查的作用在于对研究问题的准确把握，及时发现研究中的新动向，及时调整研究行动。因为收集的证据可能是积极的、支持的，可能是负面的、破坏的，也有的是我们计划时无法估计到预测到的问题，有些信息可能是行动研究另一条研究线路，分析各种证据所代表的意义，使研究更有说服力是至关重要的，是反思总结、修正计划的前提条件。为了保证考查的全面和客观，检查时需要运用各种有效的技术手段对活动进行记录和观察，检查的内容是行动的过程、行动的效果、行动的条件、行动的制约因素以及出现的问题，检查的人采取研究者自己与或局外人（教师同行、专家）相结合的方法，从不同角度不同方面来检查。

在这一阶段需要考虑的问题包括：在研究过程中需要收集哪些信息？（采取了什么行动，遇到了什么意外的情况或有什么干扰？如何应对？哪些是预期的，哪些是非预期的、消极的？）怎样收集？如何分析解释整理这些信息？是否满意自己的实践研究？研究过程中有哪些收获？具体问题解决过程中收获哪些情境性、感悟性的资料？与其他教师交流讨论以后遇到类似情境时成果是否可用？

（4）总结。在检查基础上对实施的整体效果进行总结，评估其有效性。这一环节对收集到的各种数据和事实加以分析、整理，同时又要关注新情况，研究新问题，对有关的现象和原因作出分析解释、评价。如果评价有效，则继续原来的行动方案，否则分析与诊断产生的原因，如计划与结果不一致，问题在哪里？还有什么问题需要一步解决的？其他教师是否有某个情境奏效的能否可以迁移等等，并在此基础上提出修正方案，计划下一步的行动，再行动，检查……循环反复。所以有人说行动研究的过程实质上就是诊断、治疗，然后再诊断、治疗循环反复，直到问题得到解决的过程。修正时可以邀请教学中的其他教师参与，也可以是合作伙伴中的某些专家，以使行动研究更有效。

另外在实践研究中要注意收集改善的证据信息，考量研究发展的程度，不断总结、提升，进一步增强其对教学实践的指导作用。

4. 有效开展行动研究应注意的问题

除了遵循一定的程序外，行动研究能否有效开展，教师还需在以下方面训练：

（1）更新教育理念。行动研究是解决教师自身教学行为中的问题，教师需要运用正确的教育教学理论，去解决不断变化的问题。新一轮课改要求教师成为学生学习的促进者，如何促进？怎样促进学生的学习？这实际上是要求教师成为研究者，主动参与行动研究来解决这些教学实践中的问题。当然教师成为研究者会面临许多困难或问题，如教师的教学任务繁重，以至于没有更多的时间、精力投入研究，而且很多学校缺乏可供研究的参考资料，但是行动研究是对自己教学的研究，对自己的学生和教学进行观察、分析。行动研究其实是教学的一部分，在这一过程中教师不断调整、评价和改进自己的教学，关注行为方式的有效性，关注教学结果和目的的达成，从这个意义上说行动研究是一种教学方法、一种教学模式。其次，行动研究是最有效的学习过程。教师通过自主的研究能唤起学习的激情，在研究的过程中提高研究技能的同时也使教师弥补自身某些素质的缺陷，修正教育（教学）管理方面的某些偏差。

（2）培养问题意识。行动研究起于问题。没有问题意识，不具备敏锐发现问题能力的教师，无法发现教学中需要研究的问题，当然也就无法开展行动研究，教学质量的提高也就难以保障。要提高行动研究的有效性，教师要注意培养准确、及时发现问题的意识。

（3）发展反思能力。反思贯穿于行动研究的整个过程。反思能力是指教师把自我、教学活动本身作为意识的对象，以批判性的眼光不断地对自我及教学行为进行考察。教师要把自己的教学实践提升到新的高度，要随时反省自己，不断地观察和反思，不断地发现新问题，解决问题，才能克服主观性，增强研究的客观性。发展反思能力首先要增强反思意识，提高反思行为的自觉性，在长期的实践中养成反思习惯。其次教师在反思过程中需加强反思指导少走弯路，如学习反思方法、途径、技巧等。教师只有树立学习意识，不断对自己的教学进行反思，才能加强反思能力，提高反思效率。

（二）教育故事撰写

教育故事是老师（教育主体）在教育、教学思想与能力的成长过程中所形成的对教育和教学的感受、体会，以讲故事的形式来表达自己对教育、教学的理解。

教师怎样撰写教育故事？通过以下案例来说明教育故事应有的内容和要求。

【案例】以关爱溶化偏激[①]

小卢从高一年级开始到海口一中我带的班读书。他的老家在广西，初中是在老家的中学读的。他的父母在老家农村务农，家里生活比较困难，来海口读书的所有费用都是他的姑姑支付。小卢给我最初的印象是不苟言笑，喜欢一人独处，不乐意和老师交谈。起初，我以为这仅是他刚到一个新环境的缘故，慢慢会好的。在排座位时，我特意安排一位健谈、思想上进的同学和小卢同桌，希望带动他活泼起来。

接下来的日子，由于小卢在班上没有其他特别的表现，我没有特别注意他，也没有特别单独找他交谈。后来，小卢的一个“特别”的举动深深地触动了我的灵魂，使我努力去打开他的心胸。

那是高一年级第二学期学校开展“教学工作评价问卷调查”的时候，我班有一名学生在对所有科任老师的评价一栏中都选了最差的“D”项，也没有选出他最喜欢的老师。更让我震惊的是，这名学生在

① 案例来源：海口市第一中学，林海萍

对科任老师的评价和意见上竟然写着充满憎恶的脏话，有些话看起来令人不寒而栗。这是一个极不正常的评价。出于一个教育工作者的敏感和责任，我不得不根据书写笔迹反复对比判断，找出此人就是小卢同学。

作为班主任，我没有责骂过小卢。据其他科任老师反映，他们对小卢也没有过分的批评。“如此偏激因何而生?”，“一名学生对老师的憎恶为何如此之深?”那一夜，我久久不能入眠，脑海里反复思考这些问题，分析小卢的一举一动。“冰冻三尺，非一日之寒。”我相信，小卢的心中一定有一个“死结”。

如何去解开小卢心中的“死结”? 心病还需心药医!

第二天下午放学后，我微笑着把小卢请到我的办公室。当时，年级办公室里的老师都走了。小卢跟着我来到办公室门前，突然停了下来。他低沉地问我：“老师，是关于调查问卷的事吗? 我承认那里边的脏话都是我写的，不用问我了，我什么都不想说，我要回家了。”出乎意料，小卢“先发制人”，语调低沉，但很坚定，根本不在乎我的眼光。他一连串紧凑而且似乎不留回旋余地的话一下子把我给愣了，一天来准备好的方案也给打乱了。瞬间，我回过神来，强迫自己压住几乎要迸发而出的“气”，微笑着把手搭到他的肩上，轻声轻气地对他说：“老师知道是你写的，所以今天特地把你请来，目的不是责怪你，而是要向你道歉，真的!”

当时，我的想法是“以退为进”。我接着说：“从你所写的对老师的评语中，我敢肯定，从你的角度去想我们老师肯定有做得不对的地方，不然你怎么会骂老师呢? 所以，我今天另一个目的就是想请你把你认为老师们在哪里做得不对或者不够好的地方告诉我，让我们知错改错，好吗? ……”

我说话的时候，一直低着头的小卢抬头看了我一眼，马上又低下头。后来，小卢的眼睛开始湿润了，许久才开口说话。“你怎么不骂我？”小卢带着哭腔问我。“你是我的学生，如果你有不对的地方，那么我也有责任，最起码是我对你关心不够。”我对他说，我找不到骂他的理由。听我这么说，小卢的眼睛更加湿润了。“我现在比较激动，真的不知从何说起，晚上再给你写信吧。”他哽咽地告诉我。

小卢果真没有失信。第二天早上，他交给我一封写满9张信纸的信。他在信中告诉我，他对老师的憎恨从老家农村小学至中学就一直根植心底，原因是那里的老师粗暴，常打学生，也打他。他还说，在学校老师打他，回到家父亲又打，粗暴、野蛮的教育使老师的形象在他心中就是“最差”的，甚至产生了仇恨，还曾有过一些“极端”的想法……在第一次（注：对教师的问卷调查是他第一次见到）看到对老师的评价问卷时，虽然他觉得一中的老师对他都好，但他脑海里依然抹不去“野蛮老师”的烙印，无法唤起他对老师的好感和尊敬。

小卢的信写得很诚恳，很动情。他告诉我，是我亲切的举动感动了他，是我的一番真诚关爱的话唤醒了他。他还说，那天他哭是他有生以来的第一次被老师关心而感动流泪。他向我保证，今后一定努力学习，报答一中对他的培育之恩。

小卢心中的疙瘩到此算是给初步解开了。我感觉得到，他对老师没有了过去那样的敌意。但是，我并没有到此为止。“如何让小卢更加真实地感受到我对他的关爱？”在后来的日子里，我经常叩问自己，提醒自己应该对这个“特殊学生”表示什么。我觉得，关爱应该体现在一言一语，体现在举止之间。平常碰面，我尽量对小卢微笑。在他向我问问题时，我总是不厌其烦地给他解答。上课的时候，我注意多将视线投向他，让他感觉到我时刻关注他，感觉到亲切与温暖。我还提醒其他科任老师，请他们尽量多一些关心小卢。

我不敢说我的做法就是弥合小卢心路历程裂变的唯一灵丹妙药。但是，小卢真的变了。在本学期期中检测成绩中，小卢在本班总分排名已

经跃居第三名，我所任教的化学科成绩在班上名列第一名，综合素质评价可以说是一名品学兼优的学生。

今年寒假，我接到小卢姑姑的电话，她告诉我，小卢回到家里像变了一个人，更加懂事了，特别懂得关心父母，春节还专程到村里原来的老师家拜年。放下电话，我倍感欣慰，心里有一种甜甜的感觉。

“师者，所以传道授业解惑也。”为人师者，解学子之“惑”，使学生的人性不被扭曲，是不应忽视的责任。

写到这，我不觉想起马向阳校长曾经在报告会上说过的一句话：“我们老师的一次关爱、一个鼓励的眼神，也许会拯救一个学生的一生。”

谆谆教诲，自当铭怀！

1. 教育故事的基本框架

一篇教育故事一般由三大部分组成：题目、事件和理性思考。

（1）题目。让读者把握要说明的是什么，使读者未见全文，先了解相关的信息。

（2）事件。主要是对事件的有关情况如故事发生的时间、地点、人物、事情的起因等和故事发生、发展和结局的叙述。

（3）理性思考。主要就故事的内容和自己对事件的感受和体验，阐明作者对特定的教育教学问题的把握、认识以及形成的相应的教育信念。可以是一定教育情境下产生的想法，或是教育教学中某种行为的解释，也可以是对大家习以为常的某一教育教学现象的追问，或是对某一教育教学现象的阐述，或是对教育教学中所产生的某种困惑的说明，或是对日后发生某种类似事情时的设想。理性思考可以安排在故事结尾，也可以将思考、反思融入抒情之中，一边叙述，一边抒发感受或体验。

2. 教育故事写作的基本要求

教育故事写作的基本要求有如下几点：

（1）故事要有一个矛盾冲突的完整叙事，叙述事件过程一定要把关键性的细节写清楚。

（2）故事要注重对照比较，剖事说理，有可读性，能打动人。

（3）故事要有一个鲜明的主题，能说明一个教育道理，使人从故事中启发思考，学有所得，思有所获。

3. 教育故事写作时需要注意的问题①②

（1）选材要精。在写教育故事时，要重点选择有研究价值的事情。比如教育情境中发生的真实的特殊背景、特殊原因、特殊矛盾、特殊问题；在讲述解决矛盾和问题过程中的教师感受、体验以及反思；正确、先进的教育思想和理念。

（2）构思要巧。构思巧妙首先要弄清楚这篇故事写作的目的，反映哪方面的问题，要解决什么问题。其次弄清楚写什么。清楚写作目的后，只要我们坚持“围绕中心选择材料”的原则，只写与中心有关的内容，不写那些与中心关系不大的内容。再次，想清楚怎样写。想清楚怎样

---

①毕义星．谈谈教育故事写作（上）．山东教育，2005（7）

②毕义星．让新课改充满智慧与灵性，谈谈教育故事写作（下）．山东教育，2005（10）

写的过程实际上就是拟提纲。提纲拟得越详细，考虑得越周密，甚至怎样开头、结尾，详写什么、略写什么，怎样衔接过渡等等都应考虑到，做到结构清晰，叙事简洁，另外，还要注意选择写作的角度和叙述的方式，即按照事件发生的时间顺序逐个陈述或者夹叙夹议地陈述事件全过程。

（3）注意开头、结尾要新。教育故事，名曰故事，就是开头好，能抓住读者的心，使其产生阅读的欲望，而结尾新，会使读者产生惜别之情，增进感情倾向。

（4）注意语言表达要活泼、丰富与新鲜，以增加故事的感染力。

4．写好教育故事应注意的问题①②

（1）要有撰写自己教育故事的意识。教师要做个有心人，处处留意身边的问题，关注身边的事情，及时记录。要留心教育报刊发表的教育故事，当教师有空时梳理一下自己的教育随笔、教学后记之类看有无能够提炼成教育故事的素材；一个学期结束了，回顾一下有哪些对自己产生影响、发生作用的教育故事，再把报刊发表的教育故拿来进行分类赏析并仿写借鉴，先局部仿写训练，在练中求新。虽然具有研究意义的教育故事，也许并不是经常可以遇到的，但只要有心留意、认识、分析教育教学过程中发生的矛盾，发现并捕捉教育教学活动中出现的问题以及有价值有意义的故事，以此作为撰写自己的教育故事。

（2）要勤于学习。教师具有正确的教育观念和一定的教育理论素养是撰写具有研究价值的教育故事的前提，撰写这样的教育故事又能促进

①孙启民．提升教育故事的研究价值．教学与管理，2005（8）

②孙启民．中小学教师与教育叙述的研究．教育导刊，2004（9）

教师教育理念的形成。教师如何在教育故事研究中学习呢？

首先在阅读一个故事的时候，把它作为一个教育案例来对待，认真分析、研究，弄清其中所含的哲理、规律等，把别人经过探索得到的经验变成自己的，为我所用，促进自身的提高；其次在阅读教育故事后，想法与作者进行交流与讨论。如某一教育故事记叙课堂上发生的一件事情，阅读时先去想一想：类似的事情我遇到过没有？这样的事情发生在自己的课堂上该怎样做？人家是怎么做的？为什么要这样做？再次在阅读故事时，还要不轻信、不盲从，要有自己的分析和认识。一个故事到底有怎样的意义和价值？可以把自己的理解与叙述者的议论加以比较，善于换个角度思考一下，这样可能会发现某一特定的教育故事中可能存在着的片面性、简单化或绝对化等等。这样阅读同行教育故事的过程本身就是一种研究的过程，也是一种学习如何撰写教育故事的过程。

（3）善于思考。教师对自己所写故事加以反思和总结，可以不断提高写作技巧，在阅读和倾听别人的教育故事中，看看人家都写了一些什么，人家怎样写的，怎样揭示出隐藏在事情中的意义的。要想想类似的事情自己是否经历过，遇到似曾相识的事情，为什么这样的事，自己没有留意，而作者却留意了，并且抓住不放，加以深层次剖析；通过思考深刻领会到先进的教育教学观念，从根本上改进教学工作。

（三）学生个案研究

个案研究指针对单一个案所做的研究。最早运用个案研究法是在医学上，是医生对病人做详细的临床检查，判明病理和病因，提出治疗方案的一种方法。随着科学研究的发展和需要，个案研究在学校教育领域

被广泛运用。在学校教育研究的个案研究[①]一般是指针对具体的学校教育现象或问题进行研究，目的是进行诊断、探明原因，提出有针对性的矫正和发展的对策。学生个案研究是以某个学生的特殊的问题行为为对象，搜集学生的各方面的资料，对其加以缜密的分析，诊断其问题行为的原因，提出处理问题的详细的方法，从而帮助学生解决自身的问题，以便达到因材施教的目的一种研究方法。学生个案研究着重研究学生个人或单个对象的心理、行为及有关的教育问题。

1. 学生个案研究的特点

学生个案研究的特点有以下几点：

（1）研究对象单一。学生个案研究着重研究某个学生的心理、行为及有关的教育教学问题。

（2）研究目的的针对性。学生个案研究是通过发现学生存在的问题，形成研究、诊断，然后有针对性对学生进行具体的教育和指导。

（3）研究方法的多样性。因为个案研究时必须运用到多种方法，才能获得比较全面的个案资料。而且方法多样，感性资料才能丰富，对资料的分析才能深入、全面。

2. 学生个案研究的原则

教师进行学生个案研究应关注如下几个原则：

---

①黄秀兰，黄偱伟．学校教育研究方法．海口：海南出版社，2002：165

（1）综合性原则。综合性原则是指在研究方法上需要用调查法、文献研究法、测量法等多种方法进行综合研究。

（2）灵活性原则。灵活性原则是指研究人员要对研究过程中出现的变化灵活处理。

（3）谨慎性原则。谨慎性原则是指对具体的研究对象，涉及到个人隐私和秘密的，要注意尊重、信任与保密，要注意观察的方法和询问的技巧，要注意捕捉个案成长变化的细节，要注意分析的严谨与细腻。

3．学生个案研究的程序

学生个案研究除了要遵循一定的原则外，还要遵循一定的操作程序。学生个案研究一般要经历确立对象——搜集素材——整理分析——撰写案例——使用案例这样的步骤[①②]。

（1）确立研究对象，设立学生个案。教师应根据自己教育教学中遇到的问题、需要，来选择自己的研究对象，确定研究内容。研究对象的确立必须明确研究的目的和任务，考虑选题的价值和可行性。必须在认识个体确立个案，发现、提出具体的研究问题，需要研究者细心观察和思考。

（2）制定研究计划。在制定研究计划时，必须明确问题的性质，考虑研究的重点应放在哪里及研究所用的方法。

（3）收集个案资料。收集素材是研究有效性的重要保证，要求教师在日常教育教学实践中采取多种方式收集。收集个案资料时，必须注重

①郑金洲．教师如何做研究．上海：华东师范大学出版社，2005：161
②黄秀兰，黄偱伟．学校教育研究方法．海口：海南出版社，2002：165

个案资料的广泛性和深入性。资料的收集可以来自研究对象本人的观察、调查或由研究对象自己提供，也可以来自与研究对象相关的一些人。收集资料时还要仔细核实个案资料，使获得的资料真实可靠。

（4）分析整理个案资料。分析整理有两方面：一是对材料分门别类的整理，二是对材料进行分析。分析过程重在探究问题的原因，类似于医学的病理分析，研究的结果是制定解决问题策略的依据。在分析中，明确案例主体和中心内容，并以此为依据，对材料进行取舍。将收集到的大量材料进行分析整理，研究某一特殊行为的原因，找出个案现象之间存在的必然的因果联系。

（5）个案的补救矫正。根据对个案资料的分析与诊断，提出矫正措施，改善不利于学生发展的外在条件，使之更好地适应、满足学生的发展需要，矫正或引导学生的内在因素，朝健康的、积极的方向发展，提高学生的心理健康水平。

（6）追踪观察。个案研究在实施矫正后还要继续观察，进行追踪调查。如问题已经解决，个案研究才能结束，如果问题仍然存在，个案研究还要重新进行诊断，修整计划和措施。

（7）撰写个案论文。用语言文字把整个过程表达出来，撰写成个案研究的论文。个案研究报告的内容应包括：研究对象的基本情况；特殊表现的基本描述；特殊表现的原因探索；资料的分析，结果的原因分析；一般性的结论与建议。

五、 现代信息技术的掌握和运用

随着经济全球化与互联网发展所带来的影响，信息的获取、处理、表达交流，以及运用信息处理问题的能力是公民生存必不可少的能力。为了学生的生存与发展，需要教师掌握和运用现代信息技术。

现代化技术集中体现于计算机技术。应用计算机，我们可以建立、处理和传递信息。这种信息可以是文本、图片、音频、视频、动画等。教学实际是一种信息的处理及传递的过程。教学前我们要备课，这是对课本知识信息的处理，授课相当于把课本知识当成信息传递给学生。传统的教学中，板书是主要的授课方式，而在现代教学中，板书与多媒体相结合的方式越来越普及，这种方式具有信息内容丰富、处理方便快捷、传递效率高等优点。

在化学教学中，教师如果仅用板书教学，那么将会产生以下缺陷。

（1）费时。教学过程中要经常书写实验方程式和画实验装置图，书写复杂的方程式不仅费时而且容易出错，出错了还要涂改，占用了较多的教学时间。实验装置图更不用说，先不说画的美不美观，把一个复杂的实验装置图完整画出来，半节课都过去了，再讲解，下课时间也快到了。因此，板书教学永远跟高效率无缘。

（2）费力。如果授课中老师多数时候都在写，这过程本身很累，尤其给不同班级上相同的课，同样的内容要重复写几遍，这时老师难免产生厌倦之情，这种不良情绪会影响老师的工作状态，扼杀他的进取心。

（3）缺乏直观性。化学教学中经常要给学生讲解化合物的颜色，反应现象，分子的三维结构等。传统的教学就是对这些知识进行直述，比如说某化合物是什么颜色。如果是普通的颜色，学生还可以想象，但如果是那些比较生僻的颜色，如赭色、黄褐色、红褐色等，学生对它们是模糊的。此外，板书教授反应现象和分子的三维结构等知识时也有类似的缺点。因此，非直观教学方式下知识的难以记忆性是板书教学一个不可克服的弱点。

以上说明，运用现代化教学辅助手段将有效提高化学教学的质量。化学老师应掌握的现代信息技术包括多媒体课件制作和演示、网络课程开发和利用以及构建交互学习虚拟环境三种。下面就如何掌握和利用这些技术分别进行阐述。

（一） 多媒体课件的制作和演示

多媒体课件制作指的是运用计算机软件把课本知识进行整理、编辑、修饰和烘托，最后得到一个可演示的文件。演示即通过多媒体手段（即投影技术）把课件内容以放映的方式显示出来。要学会课件的制作，首先要了解相关的计算机软件，并根据实际情况进行选择学习和掌握。

1. 与化学课件制作相关的软件

与化学课件制作相关的软件很多，即便是同一功能的软件都可能有几十种。如果不是软件发烧友，则须掌握其中几个软件即可。本人推荐的软件为是 PowerPoint、ChemWindow、化学仿真实验室和 MicroMedia

Flash。如果能熟练掌握这几个软件，我们可以制作很多的内容不同的化学课件。下面就这四个软件的功能分别进行说明。PowerPoint 是微软公司开发的一项功能强大的幻灯片制作软件，最新版为 2007 版，其 2003 版的开始界面见图5-1。PowerPoint 可协助创建永恒的视觉效果，增强了多媒体支持功能，其制作的文稿可以通过不同的方式播放，也可将演示文稿打印成一页一页的幻灯片，使用幻灯片机或投影仪播放，可以将演示文稿保存到光盘中以进行分发，并可在幻灯片演示过程中播放音频流或视频流①。总的来说，PowerPoint 可以让我们创建集文字、图像、声音、视频于一体的，富有感染力的演示文稿，是课件制作的主体程序。

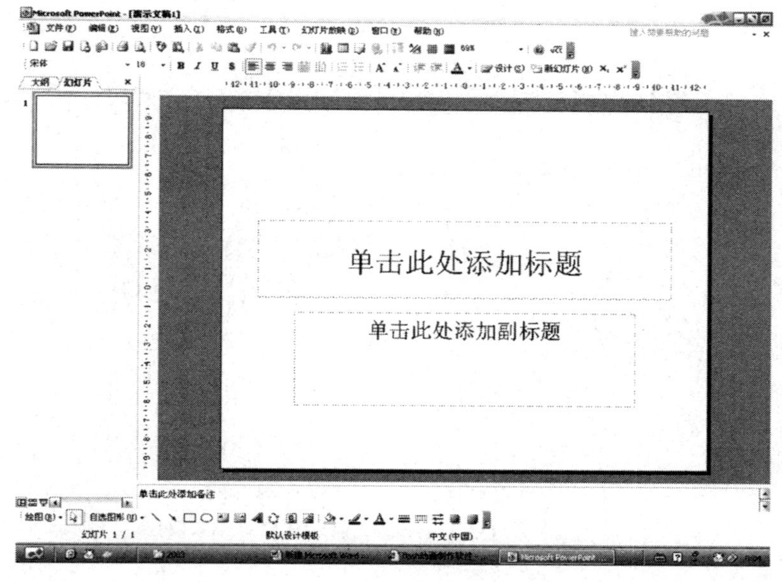

图5-1　PowerPoint2003 的开始界面

①PowerPoint2003 中文版使用说明书

ChemWindow 软件主要用于编辑化学反应方程式和分子图形的绘制。尽管用文本软件也可以勉强编辑一些简单的反应方程式，不过对于一些特殊的反应，如标有电子转移方向的氧化还原反应（如图5-2中的 Zn 与 H_2SO_4 的反应），文本软件编辑不了，而 ChemWindow 可以轻松实现。此外，不管多复杂的分子结构，用 ChemWindow 都可画出。图5-3是用 ChemWindow 制作 β－环糊精的结构图，从图上都可清楚看出该分子的主体骨架、原子的种类和个数、原子间的连接方式等。用 ChemWindow 绘制的分子结构图具有直观性，便于老师讲解，是一款实用的化学教学辅助软件。

$$\overset{2e}{\overline{Zn \quad + \quad H_2}}SO_4 \quad = \quad ZnSO_4 \quad + \quad H_2\uparrow$$

图 5-2　ChemWindow 编辑的 Zn 与 H_2SO_4 的反应方程式

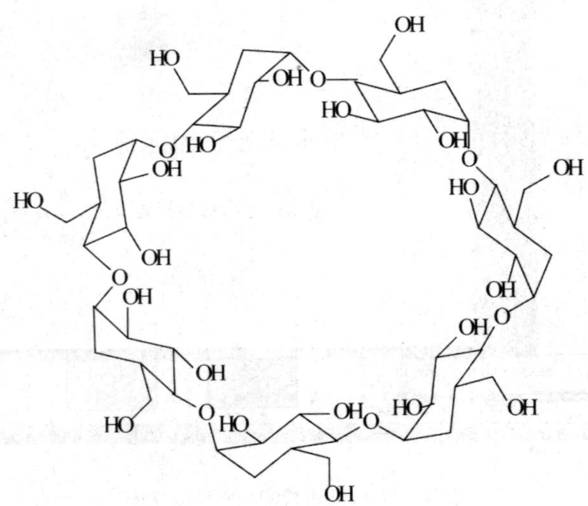

图 5-3　ChemWindow 绘制的 β-环糊精的结构

“仿真化学实验室”是南京金华科软件有限公司制作的一款付费的实用化学软件，常用版本为V3. 0。“仿真化学实验室”不但可以展示逼真的现象，还能提供准确的实验数据以供分析。用它来制作课件非常的简单，一般几分钟就可以完成。制作的课件不但专业性强，而且具有很好的交互性。它具有的编译功能，可以使制作的课件脱离平台独立运行。生成网络课件的功能，能使课件运行在浏览器中，也能把课件方便的插入到Authorware、VB等其他制作工具中①。“仿真化学实验室”不仅可以帮助我们制作美观的实验装置图，而且还在其基础上制作逼真的化学反应动画（见图5-4）。由于实物演示方式有着占用时间、产生费用、不能随意重复，实验题材受限制和存在安全隐患等缺点，用电脑制作化学反应动画来演示已成为大家的共识，而“仿真化学实验室”不存在以上缺点，已成为化学反应动画制作首选软件。

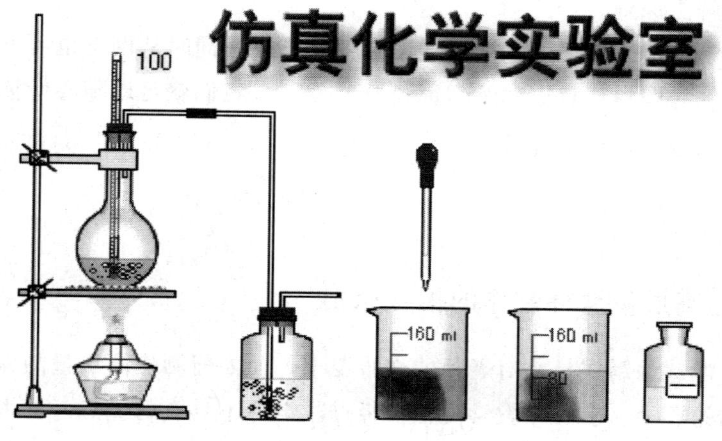

图5-4　“仿真化学实验室”制作的实验装置图和化学反应动画

①“仿真化学实验室”V3. 0版说明书

MicroMedia Flash 是一款动画制作的软件，最新版为 9.0。MicroMedia Flash 动画制作简单易学，动画播放占内存小，是网页动画制作的常用软件，越来越受到了业余动画制作爱好者的推崇。MicroMedia Flash 可制作多种题材的动画，不管任何课程，如果在教学中需要进行动画演示，用 MicroMedia Flash 来体现你的思路并不困难。在化学多媒体教学中，用情景动画来体现教学内容更能让学生印象深刻，便于理解。比如对分子概念知识的讲解，传统的教学方法可能先直述字面概念，再打些比方增进学生的理解。该过程中学生仅通过“听”去理解，而学生的另一个重要的理解功能“看”得不到利用，这是传统的教学方法的不足之处。而用 MicroMedia Flash 我们可以制作这样的动画：把分子表现一个小卡通人，分子的性质将由卡通人来自述，每种性质都有合适的动画表现。不难想象这种动画将充分调动学生的“听”和“看”功能，理解更深刻。

以上这些软件可通过购买或网上下载获得，同时从网下也可下载相关学习辅导资料。只要熟练掌握这几个软件，我们就可以随心所欲制作实现不同教学目标的课件。

2. 高质量课件制作的指导原则

掌握课件制作只是对老师的初步要求，而如何制作高质量的课件才是最终的要求。多媒体教学有很多板书教学所不具有的优点，如果老师在课件制作中不能体现这些优点，则课件教学体现不了其先进意义。那么，一个高质量的课件包括哪些要素呢？

（1）版式设计合理。版式是课件的外在形式，版式的好坏直接决定学生对课件的第一印象。PowerPoint 中有很多版式模板可以直接调用，如果觉得不合适要自行设计，则要符合简洁、大方和统一的原则。简洁能让学生保持清晰的思维，提高消化知识的效率；大方能让学生感觉到老师开放的心，更容易接受自己；统一则要求每张幻灯版风格一致，最好完全一样，这样既省时间，又不会影响教学效果。版式设计切忌夸张和用力过度。有些老师把版式设计当成室内设计一样来对待，尽管设计出来的版式确实很好看，可是，这对提高教学效果帮助不大，相反还会分散学生的注意力，下课了学生可能向你请教的是版式设计问题，而非教学内容问题。所以，整个课件制作中要随时注意不要喧宾夺主。

（2）颜色搭配协调。颜色在课件制作中容易被忽视，这是因为多数人低估了颜色在课件制作中的重要性。首先我们来做个测试，图5-5是两张内容相同但颜色不同的幻灯片（a）和（b），现在请分别盯住（a）和（b）各30秒，过后请评价哪张让人眼睛更累。我想多数人的答案是（a）。这说明一个课件如果颜色搭配不协调，对学生的眼睛来说是一种折磨。至于课件中如何选择颜色这并不是一个复杂的问题，其原则相对简单。根据个人经验，背景颜色可选择黑色或深的冷色，个人偏向深蓝色。字体内容颜色在深色背景下最好选择白色或亮冷色，为了避免单调，一张幻灯版最好有两种到三种颜色（不包括背景颜色），图片最好选用白色填充色，这样视觉上既突出又不刺激眼睛。

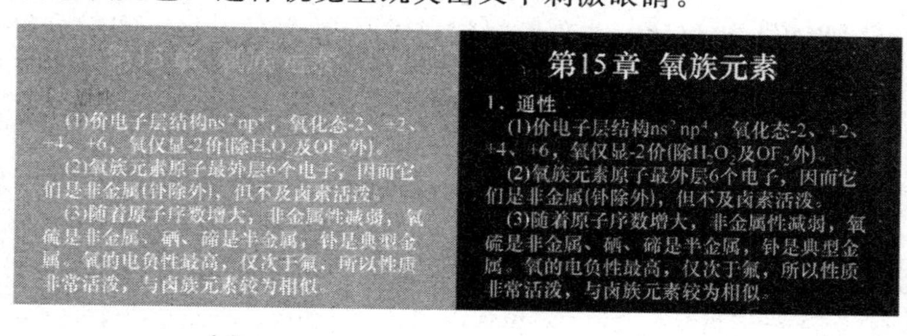

（a）　　　　　　　　（b）

图5-5　两张内容相同但颜色不同的幻灯片比较

（3）内容安排适当。内容安排是课件制作中难度最大最复杂的一项工作，因为要考虑的因素很多。比如，在制作某一章内容的课件时，必须考虑这章中的知识点有哪些，重点和难点是什么，哪些内容需要用板书表现，哪些内容需要用课件表现及如何表现，讲解中如何突出重点和难点；必须考虑每张幻灯片适宜安排多少内容，如何设计链接联系不同章节之间的内容等。要做好这项工作，第一要根据教学大纲了解本章知识点与重点和难点；第二对知识内容进行统筹安排，明确哪些内容要用课件表现及如何表现。用课件表现的原则是不要把该讲的都写在幻灯片上，那样学生可能只看不听；幻灯片上的内容要简明扼要，不要把问题和答案放在同一张幻灯片上，让学生有思考余地；幻灯片上更多是图片或音频、视频和动画链接，这些才是内容表现的现代化方式，才能体现多媒体教学的优点。对于重点知识要用多个幻灯版来体现，对于难点最好多用图片、视频和动画来讲解，这些方式具有直观性，方便学生理解。由于在课件教学中经常要进行不同章节内容间的切换，所以课件中要建立切换链接方式方便此类操作。常见的切换链接设计框架见图5-6。图5-6中，课件的第一张幻灯版片通常是该课件所有章节的提纲，从这里可以切换到任何章节的内容。反过来，从任何章节都可以通过链接回到首页。此外，相邻的章节可通过前进或后退进行连接。图5-6的链接

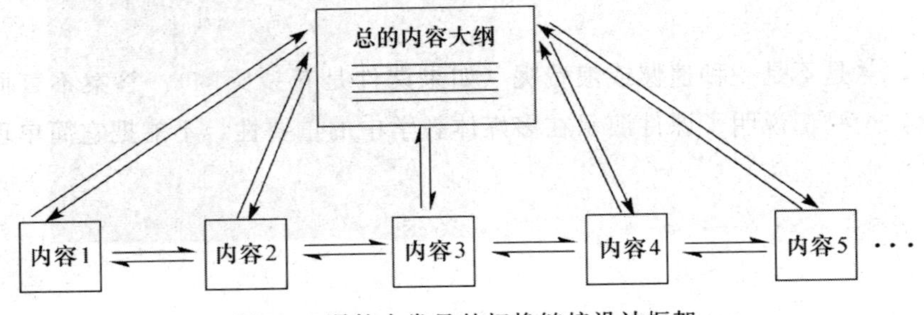

图5-6　课件中常见的切换链接设计框架

设计适用于大多数课程的课件制作，当然，你也可以根据个人喜好设计具有个性化的链接方式。

（4）表现方式多样。化学的世界是多姿多彩的，如何在教学中让学生体会到化学之美是我们的目标之一。传统的教学方法实现该目标显然有心无力，而现代化信息技术的发展则为我们打开方便之门。所以，在制作化学课件过程中，我们要灵活运用现代化的信息技术，丰富课件的表现形式。除了文字外，要充分利用图片、声音、视频和动画来展示教学内容。比如在教“水的物理性质”这一节内容时，先用瀑布、河流或海浪等与水相关的音频或视频导入，说明水在自然界中无处无在。接着，用文字直述水的“无色无味，加热到 100℃会沸腾”等物理性质，“无色无味”可以用图片来表现，而水的沸腾可以用动画来展示等。显然，这样的教学过程是生动的，能充分调动学生的好奇心，提高他们的专注力，得到良好的教学效果。

以上是制作高质量课件的指导原则，如果在课件制作中贯彻执行它们，则多媒体教学的优点能得到充分的体现，提高教学效率。

3. 课件的演示

一个优秀的课件，如果由于某位老师演示不好而体现不了它的优点，这是不是一种遗憾或浪费呢（如果课件是花钱买的）？答案不言而喻，这些都说明了课件演示在多媒体教学中的重要性，不能把它简单理解为纯粹的电脑操作。要想更好地演示课件内容，我们需要注意以下几个方面：

（1）对课件内容熟悉。熟悉课件内容是演示好课件的一个重要前提。如果不熟悉课件，只有看到幻灯片内容才知道要讲什么，则演示过

程就不可能流畅。演示时，只有知道下一张幻灯片的内容，才能进行良好的衔接或导入，只有知道某些具体内容的位置，才能快速回顾它们。这些都是建立在对课件内容非常熟悉的基础上的。

（2）演示时所站位置合适。演示时最好不要坐着，这样缺乏与学生的情感交流。如果选择站则要站在离电脑稍近的地方，这样操作方便。此外，所站位置要方便观看屏幕，从而能更好地引导学生观看投影并进行讲解。

（3）指示内容时要用荧光笔。演示幻灯片时，用教鞭或手去指示内容都是不规范的。因为这会在屏幕上留下影子，影响学生对幻灯片内容的观看。

（4）根据幻灯版内容随时调节演示节奏。演示的内容有重点和非重点之分，有简单和难以理解之分，这就要求演示节奏要变化，学生根据这些节奏上的变化了解到内容上的差别，从而调整自己的注意力。

（5）讲解和电脑操作要结合好。如果幻灯片停留时间不长，就不能离电脑太远，这样不方便幻灯片切换。反之如果停留时间足够长，可以走下讲台到学生当中进行讲解，既可以拉近与学生之间的距离，又可以获得良好的观看投影视角。

（6）演示时的讲解要有启发性。在演示中如果只是机械地去解释每一张幻灯片，就像谜语还没让猜就给出答案一样，虽然答案知道了，学生却得不到思考能力和理解能力的锻炼。因此，在演示课件时，讲解上要有所保留，不要一口气把所有知识说明白，要给学生留有思考的时间和空间，最后再用启发式的教学语言一步一步地引导学生去思考和理解。

课件演示看似简单，可是掌握不好会让教学效果大打折扣，因此我们对它要有足够的重视。

（二） 网络课程开发和利用

网络课程是应用现代网络信息技术建立的一种教学平台，它对课堂教学起到了辅助作用。由于网络课程具有操作性强、资源丰富、师生交流方便、可随时访问和更新快等优点，它已成为越来越受欢迎的教学辅助手段。下面就网络课程开发的基本硬软件环境和 Blackboard 网络教学平台的开发和利用两方面分别进行阐述。

1. 网络课程开发的基本硬软件环境

硬件方面，首先，网络课程要有承载体，即无间断工作的电脑服务器，服务器要根据网络课程的数量、功能容量和潜在访问量来进行配置；其次，该服务器要有内网和公网入口。内网入口针对校内访问 IP，公网入口针对校外访问 IP。这样不管师生在校内还是校外都可以访问，提高网络课程的利用率。软件方面，服务器操作系统通常选择 Linux，该系统下要打开网络服务器（Web Server）和远程文件传递服务器（Ftp Server），网络课程平台开发可选软件很多，最常用的为 Blackboard Learning System（简称 Bb），该软件可支持 Windows 系列、Unix 和 Linux 操作系统，可根据服务器系统进行选择。以上是网络课程开发必须具备的软硬件，其他辅助性软硬件可根据实际需要进行选择安装。

网络课程的运行模式如图 5－7 所示。开发者老师为教学平台系统的超级用户，对网络课程具有设计和编辑的权限。访问者学生为普通用户，具有不受限的浏览权限、受限的编辑和上传下载权限。网络技术员负责

服务器的维护工作，保证服务器能正常运转，使教学平台能全天候运行。

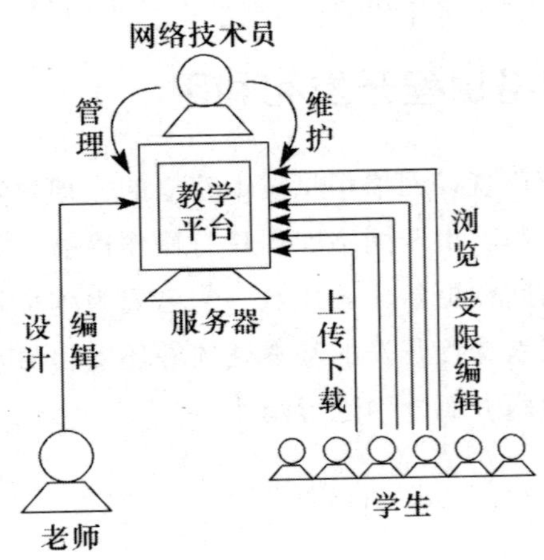

图5-7　网络课程的运行模式

2. Blackboard 网络教学平台的开发和利用

（1）Blackboard 网络教学平台的功能介绍。Blackboard Learning System 是用于加强虚拟学习环境、补充课堂教学和提供远程教学的平台，它拥有一套强大的核心功能，使教师可以有效地管理课程、制作内容、生成作业和加强协作，从而协助学校达到与授课、交流和测验有关的重要目标。Bb 系统操作简单，提示性强，容易上手，是网络教学平台开发的首选软件。Bb 系统的主要功能包括[①]：

①课程管理。网络课程相当于一个多功能的文件，我们对它既可以进行修改、复制和删除等编辑操作，又可以进行导入和导出等文件转移操作。

---

①参见 Blackboard Learning System 软件说明书。

②课程内容制作。Bb 提供了丰富的文本编辑界面，包括 WYSIWYG（所见即所得）和拼写检查，用来创建有效的学习内容，也可以导入由外部制作工具生成的电子学习内容，如 Macromedia、Dreamweaver、Microsoft Frontpage，或任何和 SCORM 配套的制作工具。

③选择性内容发布。老师可结合课堂教学选择一些教学活动在网络教学平台上发布，比如讨论、测验、作业或其他教学活动等。

④课程大纲编辑器。如果没有现成的电子大纲上传，可以用内置的大纲制作功能设计和开发自己的课程大纲和课程计划。

⑤学习单元。老师可以按课程内容顺序创建学习单元，这些学习单元包括章节知识重点难点、典型例题解析和单元测验等。学生可以根据自己的实际情况选择学习单元，并且可以保存学习的进度位置，以便以后从该位置继续学习。

⑥教学工具。Bb 提供的教学工具有术语表（可分享和定制的词汇列表），网络笔记本（可在线记笔记）和教师信息（详细的联系信息和办公时间）。

⑦讨论区。老师根据教学内容设置多个论坛，并决定学生是否能够修改、删除、匿名留言和粘贴附件等。论坛内容可以根据话题、作者、日期或主题排列和浏览，并支持完全搜索。

⑧测验和调查。为了考察对教学内容的理解情况，老师可以开展自动评分的在线的测验和调查。题目类型包括公式计算、数值计算、判断正误、单项选择、多项选择、填空、简答和论述等。题目可以一次性给出，或每次只显示一个，并可以选择计时与否和允许重复回答。

⑨作业。老师可以在网上发布作业，并让学生在规定的时间内完成。老师可在线批改作业并开放学生根据批改情况反馈功能。

⑩成绩簿。利用成绩簿老师可以存储学生的考试成绩，并许可他们查看各自的成绩，但看不到别人的成绩。

除了以上主要功能外，Bb 还具有报告和学业表现统计、个人信息

管理、虚拟教室和协作工具和小组合作项目等其他功能，这里不再一一叙述，如对这些功能有兴趣，大家可以查阅相关的资料。

（2）网络课程的开发。结合化学学科自身的特点，用 Bb 建立化学网络课程时应该要包括以下项目：

①个人简介。这个可通过文本编辑器或文件上载来完成。个人简介尽量详细，除了个人身份信息外，应该包括学习教学经历、教学成绩、性格爱好等内容。通过这个能让学生更好地了解你，知道与你如何相处。

②教学大纲和教学计划。这两个项目建立可通过文本编辑器或文件上载来完成。教学大纲和教学计划是课程的基本要素，是学生了解该课程的一个窗口。教学大纲包括每个章节的教学内容，目的和要求，重点和难点。教学计划即教学的进度，学生知道了进度可以提前进行预习，不需要每次在课堂上反复强调。如果教学大纲和教学计划需要变动，请及时更新以避免误导。注意教学大纲和教学计划要提供网页浏览和下载阅读两种模式。

③按教学内容顺序建立学习单元。学习单元应该包括知识点汇集、例题解析和自我检测三个模块。通过浏览知识点汇集和例题解析学生可以对教学内容进行复习和消化，而自我检测可以让学生了解自己对教学内容的掌握情况，从而进行学习调整。自我检测最好过一段时间进行更新，让学生保持在线学习的兴趣。

④网上作业发布。这种作业不是平常所理解的练习作业，而是一个启发性的问题，或与生活相关的小实验设计，一篇化学小论文和图片、动画、视频制作等等。通过这些非常规的作业可以培养学生的创新思维和解决问题的能力。

⑤教学反馈。老师每教完一章，可以建立问卷调查式的教学反馈，了解学生对自己教学方法的看法与建议和对教学内容的理解情况，从而进行针对性的方法改进和知识强化。问卷最好多采取选择题模式，问题应该简单明了，不宜过于复杂和晦涩，避免占用学生过多时间，让他们

产生厌烦感从而消极答题。

⑥资源共享。可以把自己收集的与化学相关的一些试题、软件、图片、音频、视频、动画、名师授课录像、电子书、电子词典和化学工具书等做成资源共享，提供给学生下载。学生通过利用这些资源来提高自己的学习成绩。

⑦开设讨论区。在该讨论区里可以给学生开放除了删除的所有功能，让学生能够在这个虚拟论坛上畅所欲言。在这里可以进行网上答疑、学习交流、师生情感交流和生活指导等。通过这些讨论可以创建轻松活泼的学习气氛，增进学生之间，师生之间的相互了解。

⑧成绩簿。用成绩簿记录每个学生每次考试的成绩，了解总体和个体的学习状况，与阶段教学目标的差距，从而做出调整和改进。这个功能可不需要给学生开放，因为试卷在学生手里。

以上八个网络课程项目只要建立好，网络课程作为辅助教学手段就能得到充分的体现，使老师和学生从教室课堂得到一定程度的解放。

（3）网络课程的利用。网络课程如果得不到充分的利用将是一种摆设，要充分利用好它就要求学校有配套的基础设施，同时有灵活的课程安排和协调等条件。如果达到这些条件，则在细节上我们还需把握以下几点：

①把握好网络课程教学在整个教学中的比重。网络课程教学距离成为主流教学方式还有很长时间，现阶段它还不太成熟，如果过分强调它的作用，结果反而适得其反。个人认为在整个教学活动中它所占的比例不宜超过 15%。当然，随着它的发展和成熟，这个比例可以适当提高。

②对网络课程访问量进行即时统计，了解学生利用网络课程的情况。原则不能强迫学生去访问，只能鼓励他们，让他们带有学习目的而非应付去访问。

③统一安排上机时间，在规定的时间里完成一定的网络课程教学任务。比如说观看名师教学录像，在线作业和测验等。网络课程虽然何时何地都可以进行访问，不过有些教学任务还是需要统一进行，否则将达

不到效果。比如说在线作业和测验，如果不统一安排进行，则将不能保证每位学生都是独立完成的。

④结合好课堂教学与网络教学两种方式，使它们能相互补充，协调一致。在学生看来，课堂教学的内容是最主要的，如果网络课程与之联系过少，学生则不会重视网络课程。因此老师应该明确哪些内容适合课堂教学，哪些适合网络教学，把它们分配和联系好。在课堂教学中要有所保留，把部分知识移至网络教学，这样网络课程才能得到充分的利用。

⑤随时更新网络课程的项目内容，对学生保持新鲜感。网络课程中更新最频繁的是讨论区，要充分发挥讨论区的作用，经常增加话题，保持学生讨论的积极性，共同进步。

（三） 构建交互学习虚拟环境

传统的教学中，由于缺少现代信息技术，师生之间多是面对面交流，这种方式限制了交流的深度和广度。今天，通信交流与网络交流这两种非面对面交流方式已渐渐占主导地位，如何利用这两种方式构建交互学习环境，使学生之间、师生之间能够进行良好的交流和协作是现代化教学方法改革的重点之一。

交互学习中体现了团队协作精神，老师是这个团队的领导者，同时是环境构建的主要负责人。在网络信息技术未成熟之前，通常这种环境是实际的，比如举行座谈会、知识竞赛和课外实验设计等，不过这种实地交流方式要花费很多物力和人力，也占用较多的课外时间，同时属于面对面的传统交流方式，具有较大的局限性。当网络信息技术成熟后，在网络上构建虚拟的交互学习环境得到了多数人的认可，这是因为它具有实际环境所不具有的以下优点：

（1）可免费创建。现在有很多网站和软件都免费提供网络虚拟功能，只需懂些常规电脑操作即可以轻松进行创建。

（2）环境的永久性。当创建一个虚拟交流环境后，除非创建人删除它，否则该环境一直存在。而实际环境要占用场地，场地不可能一直为你所有。

（3）非面对面和可匿名的交流方式。有些学生在面对老师时可能紧张和害羞，不敢把问题说出来，而在非面对面的交流下，这种胆怯不再存在。此外，当交流时不想让人知道自己身份时，可以通过匿名方式，而实际环境下则不存在这种可能。

（4）交流的自由性。这种自由体现在交流人数上的自由，交流时间选择上的自由，加入和退出交流的自由等。在实际的交互环境中，通常要求人要来齐，准时开始和不能迟到和早退，这种硬性规定具有强迫性，降低了学生的参与欲望。

（5）交流内容的多样性。实际环境最多是语言交流，而虚拟环境下交流的内容除了语言，还有文章、图片、动画、音频、视频和学习软件等。达到了一人有，全体人即有，一人知道，全体人即知道的交流效果。

网络上交互学习的虚拟环境有很多种，下面就常见的几种分别进行介绍。

1. QQ 群

QQ 是腾讯公司开发的一个功能强大的聊天软件，其中的群功能是为那些具有共同兴趣爱好或属于同一集体的人所设置的。利用该功能，老师可以为一门课程建立一个教学群，成员为学生。老师可以在这里进行补充教学，回答学生提出的疑问，鼓励学生之间相互交流学习心得和体会。老师对此类交互学习要引导和掌控好，防止这里变成学生闲聊之处。QQ 群具有小、快、灵等优点，不过其信息容量少，需要经常在线才能体现它的优点。

2. 博客群

博客群是博客管理与博客专集组织的基本形式，博客站点以“群”的方式组织博客专集，以此推动同一类型文章的展示或讨论某一主题。博客群功能一般由网站提供。要建立博客群功能，首先老师和学生都要在某网站上建立好自己的博客，然后由老师充当管理员建立博客群并邀请学生加入。在群中，任何人发布的信息都被群内所有人看见，达到共同交流的目的。在群内，成员可以提出话题进行讨论，可以交换学习心得，可以共享好的资源。博客群是比较正规的交互学习方式，体现了学习的严肃性，不过对于中学生来说，博客群可能太过正式，缺乏亲近感。

3. 百度贴吧

百度贴吧是百度公司开发的一项用于专题讨论的功能，它有明确的主题，在贴吧里可以发表与主题相关的文本、图片、音频或视频等文件。贴吧有主要管理员，即吧主，和副管理员，即副吧主，共同对该吧进行管理，管理内容包括审核、置顶、删贴和维护正常的讨论气氛等。从贴吧的功能看，它符合创造虚拟交互学习环境的条件，老师可申请建立以某课程交流学习为主题的贴吧，审核通过后把地址告诉学生让他们加入。贴吧建好后，交互学习的任何方式都可以在这里进行，比如话题讨论、老师解疑和共享文件等。贴吧具有操作简单、浏览方便和界面清楚等优点，唯一不足在于隐私性不强，交流起来不能随心所欲。

以上是三种使用较多的交互学习虚拟平台，随着网络信息技术的发展，不久的将来会出现功能更齐全操作更方便的新型虚拟平台，作为新时代的老师，要随时了解这方面的技术发展，并通过学习去掌握它们，让它们为我们的教学所服务，使我们教学技术始终跟上时代的发展。

参考文献

论文类：

（1）曾清意．初中绪言课教案设计［J］．化学教学，1995（4）

（2）胡庆芳．教师成长档案袋发展的国际背景与实践操作［J］．上海教育科研，2005（11）

（3）汤福球，张儒辉．教育辅导简论［J］．教师教育研究，2004（9）

（4）胡庆芳．教师成长档案袋发展的国际背景与实践操作［J］．上海教育科研，2005（11）

（5）申继亮，辛涛．论教师教学监控能力提高的方法和途径［J］．北京师范大学学报（社会科学版），1998（1）

（6）林进辉．想这样“做”学校文化，行吗？［J］．新课程，2009（5）

（7）戴李敏．论中小学教师开展教育行动研究［J］．基础教育研究，2003（10）

（8）张天宝，王攀峰．论教育的行动研究［J］．中国教育期刊，2001（6）

（9）柴华丽．行动研究与教师专业发展研究综述［J］．教师教育研究，2007（11）

（10）毕义星．谈谈教育故事写作（上）［J］．山东教育，2005（7）

（11）毕义星．让新课改充满智慧与灵性，谈谈教育故事写作（下）［J］．山东教育，2005（10）

（12）程良道．创造性问题解决的全息整合模式［J］．咸宁学院学报，2003（23）

（13）Edward Cornish. 创造性解决问题八步骤［J］．世界科学，1997（2）

（14）孙启民．提升教育故事的研究价值［J］．教学与管理，2005（8）

（15）孙启民．中小学教师与教育叙述的研究［J］．教育导刊，2004（9）

（16）王身佩．学习策略释义［J］．河南教育学院学报（哲学社会科学版），2004（4）

著作类：

（1）刘显国．板书艺术［M］．北京：中国林业出版社，2003

（2）石欧，刘丽群．课程改革中的若干问题［M］．广州：广东教育出版社，2004

（3）周小山，严先元．新课程的教学设计思路与教学模式［M］．成都：四川大学出版社，2002

（4）吴小玲．教师如何做好课堂教学设计［M］．长春：吉林大学出版社，2008

（5）吴俊明，倪志刚．新课程理念下的创新教学设计［M］．长春：东北师范大学出版社，2003

（6）朱嘉泰．中学化学微格教学教程［M］．北京：科学出版社，2000

（7）刘知新．化学教学论［M］．北京：高等教育出版社，1997

（8）王小明．化学教学实施指南［M］．武汉：华中师范大学，2003

（9）蔡慧琴，饶玲，叶存洪．有效课堂教学策略［M］．重庆：重庆大学出版社，2008

（10）刘知新．化学教育测量与评价［M］．南宁：广西教育出版社，1996

（11）应俊峰．研究型课程［M］．天津：天津教育出版社，2001

（12）秦忠义，董丞明．说课探索［M］．郑州：河南教育出版社，1993

（13）周健，程蔺萍．教师如何上好课［M］．天津：天津教育出版社，2009

（14）［美］托马斯·里克纳著，美式课堂 品质教育学校方略［M］．刘冰、董晓航、邓海平译．海口：海南出版社，2001

（15）陈玉琨，何晓文，沈玉顺．小课题研究与研究性教学［M］．上海：少年儿童出版社，2002

（16）李瑾瑜，柳德玉，牛震乾．课程改革与教师角色转换［M］．北京：中国人事出版社，2002

（17）甘华鸣等．创新的策略［M］．北京：红旗出版社，1999.

（18）王复亮．创新教育学概论［M］．北京：中国经济出版社，2006

（19）刘知新．化学教学论［M］．北京．高等教育出版社，2004

（20）黄秀兰，黄偱伟．学校教育研究方法［M］．海口：海南出版社，2002

（21）刘旭等．一线教师教育科研指南［M］．成都：四川教育出版社，2006

（22）郑金洲．教师如何做研究［M］．上海：华东师范大学出版社，2005

（23）潘慧玲．教育研究的取经——概念与应用［M］．上海：华东师范大学出版社，2005

电子文献类：

（1）烟台教育局．扎实推进中小学作业改革 切实提高学生学习生活质量［EB/OL］．

http：//www.ytedu.cn/cnet/dynamic/presentation/net_1/itemviewer.do?unitid=1&id=9573&classifytype=search&ignoreclassinformation=false&branch=

（2）夏杰文．浅谈数学作业的批改方法［EB/OL］．

http://www.tanghu.net/bm/gshuxue/qiantanpigaizuoyedefangfa.htm
(3) 黄智全. 浅析初中数学作业批改和批语的作用[EB/OL].
http://www.gzxw.gov.cn/Nczxx/Jsjx/Jszx/200812/50288.shtm
(4) 杨丹. 走进新课程，作业如何批改[EB/OL].
http://www.xmjyw.com/show.aspx?id=
(5) 张莹. 如何写课后反思[EB/OL].
http://www.hbqedu.com.cn/xxk/yylkg4.htm
(6) 精精的BLOG. 浅谈如何与家长沟通[EB/OL].
http://blog.sina.com.cn/s/blog_50c07b4b0100ca77.html
(7) 新网虫. 教师与学生的交往语言艺术[EB/OL].
http://blog.pjedu.cn/user1/38/archives/2006/11444.html
(8) 史大胜. 教师与家长言语沟通的策略[EB/OL].
http://www.yejs.com.cn/HtmlLib/12931.htm
(9) 杨浦教育. 教师的宽容与严格[EB/OL].
http://www.yp.edu.sh.cn/bbs/showtopic-8232.aspx
(10) 陈爱娟. 浅谈新课程标准下教师的合作[EB/OL].
http://www.lesun.org/edu/article/2005-02/13137.htm
(11) 万荣根. 教师之间缺乏合作的原因分析及对策探讨[EB/OL].
http://www.hzjsjy.com/news/newstmp.asp?newsid=5774
(12) Tbygjwc. 教学反思能力[EB/OL].
http://hi.baidu.com/tbygjwc/blog/item/2271ee222d06af4cac34deef.html
(13) 胡海帆. 我们今天需要什么样的教师文化?[EB/OL].
http://www.wzms.com/read.asp?wzms=.7055475&newsID=854
(14) 焦云涛. 浅谈在班级合作管理中课任教师和班主任的协作关系[EB/OL].
http://www.handanyz.com/baihuayuan/2007/6/kyjg.doc
(15) 尹洁. 未成年人犯罪始于不良行为 13、4岁是危险年龄[EB/OL].
http://news.enorth.com.cn/system/2005/11/02/001154362.shtml

后记

俗话说，“工欲善其事、必先利其器”，教师要上好课必然先要练好基本功。教师教学基本功是教师培养和培训永恒的话题。随着新课程改革的深入，对教师基本功的认识必将更加深刻和全面，教师基本功也被赋予了新的内涵，要求教师练就更多、更高而且新的基本功。基于这样的认识，在海南师范大学关文信教授的主持下，我们编撰了基础教育教学基本功（化学卷）学习丛书。

本书针对化学课堂教学中的各种基本功的要求，遵循时代性、实用性、可操作性和简洁性的原则，在具体内容上，我们选择了以化学教学流程为“经”，按备课、上课、作业与批改、辅导、教学评价的顺序组织，作为上编“教学活动基本功”；以化学教师教学专业发展为“纬”，按教学反思、理解他人和与他人交往、教育管理、教育教学研究、现代信息技术的掌握和运用等内容组织，作为下编“教学专业发展基本功”。全书围绕是什么，怎么做，适用范围如何，如何培养等进行分析和讨论。本书的编写，是对新形势下化学教师教学基本功的一次探索，希望对化学教师培训和化学师范生的培养提供帮助。

本册书的写作提纲和编写思路由海南师范大学关文信教授提供。本书各部分的写作人员是：辜燕飞（备课中的（一）、（二）、（六）、（九）、（十）小节），林海萍、牛指成（备课中的、（三）、（四）、（五）、（七）、（八）小节），汪洋、卢世宝（授课），李华蕊（作业设计与批改），汪洋（辅导），傅芳芳（教学评价），吴志军（教学反思），李庆勋（理解他人

和与他人交往)，吴益平（教学管理)，辜燕飞（教育教学研究)，韦吉崇（现代信息技术的掌握和运用)。全书由辜燕飞负责统稿。

本书是每个成员在参阅了国内诸多文献和专家、学者的已有成果，并引用了部分专家、学者的成果的基础上完成的，在此一并表示感谢。在本书的编写过程，我们参考了大量的文献资料，虽注明了出处，也在书后列出参考文献，但可能仍有遗漏，敬请谅解！

由于时间仓促，再加上编写者的知识与水平的局限，本书一定有许多错漏和不尽如人意的地方，敬请专家、同行和读者批评指正。

编者

2009 年 8 月

图书在版编目（CIP）数据

基础教育教学基本功：中学化学卷／辜燕飞等编著．—北京：首都师范大学出版社，1997.1（2009）

（基础教育教学基本功丛书／关文信主编）

ISBN 978-7-81039-745-2

Ⅰ．基…　Ⅱ．辜…　Ⅲ．①课程－中学－教学法　②化学课－中学－教学法　Ⅳ．G633.8

中国版本图书馆 CIP 数据核字（96）第 13916 号

基础教育教学基本功丛书

关文信　主编

基础教育教学基本功：中学化学卷

辜燕飞 等 编著

责任编辑　衣方杰

封面设计　周周设计局

出　　版　首都师范大学出版社

地　　址　北京西三环北路 105 号 (100048)

电　　话　总 编 室：010-68418523

　　　　　系统发行：010-58802818

　　　　　新华书店：010-68418521

网　　址　www.cnupn.com.cn

邮　　箱　zunshiyuan@hotmail.com

印　　刷　北京中科印刷有限公司

版　　次　2012 年 3 月第 3 版

印　　次　2012 年 3 月第 1 次印刷

开　　本　700mm × 1000mm　1/16

印　　张　14

字　　数　152 千字

定　　价　31.60 元